नीता मेहता

सर्वश्रेष्ठ इण्डियन कुकिंग

नीता मेहता

सर्वश्रेष्ठ इण्डियन कुकिंग

नीता मेहता
बी.एस.सी (होम साईस), एम.एस.सी. (फूड और न्यूटरिशन) गोल्ड मेडलिस्ट

तान्या मेहता

SNAB
Excellence in Books

नीता मेहता

सर्वश्रेष्ठ इण्डियन कुकिंग

SNAB Excellence in Books

Snab Publishers Pvt Ltd
3A/3, Asaf Ali Road, New Delhi - 110 002

Editorial and Marketing office
E-159, Greater Kailash II, New Delhi 110 048

Food Styling and Photography by Snab
Typesetting by National Information Technology Academy
3A/3, Asaf Ali Road, New Delhi 110 002

Recipe Development & Testing:
Nita Mehta Creative Arts - R & D Centre
3A/3, Asaf Ali Road, New Delhi - 110 002

ISBN 978-81-7869-207-4

4th Print 2015

Cover and Book Layout by: SNAB Excellence in Books

Printed in India at Infinity Advertising Services (P) Ltd, New Delhi

Distributed by :
NITA MEHTA BOOKS
3A/3, Asaf Ali Road, New Delhi - 02

Distribution Centre :
D16/1, Okhla Industrial Area, Phase-I,
New Delhi - 110020
Tel.: 26813199, 26813200
E-mail: nitamehta.mehta@gmail.com
Website: www.nitamehta.com

Contributing Writers :
Anurag Mehta
Tanya Mehta
Subhash Mehta

Editors :
Sangeeta
Sunita

Price: Rs. 195/-

परिचय

भारतीय पाककला में मसालों की विविधता का दक्ष और उचित इस्तेमाल ही कलात्मकता है जिससे हरेक व्यंजन स्वादिष्ट और हरेक अनुभव मज़ेदार होता है। हालाँकि मसालों के इस्तेमाल का अर्थ यह नही कि मसालों को अधिक इस्तेमाल हो, न ही यह कि भारतीय भोजन अत्यधिक मिर्च मसालेदार होता है जैसा कि बहुत लोगों का मानना है। भोजन मिर्चवाला या सादा हो सकता है जैसा कि परिवार की पसन्द हो। क्योंकि यह तो व्यैक्तिक पसन्द की बात होती है। सब्ज़ियों या मीट के साथ मसालों और हर्ब का होशियारी से बना संगम ही है भारत का सर्वश्रेष्ठ भोजन।

भारतीय सब्ज़ियाँ स्वादिष्ट होती हैं और बस कुछ बहुत आसान-सी सामग्रियों के साथ तैयार हो जाती हैं। इन सुगन्धित पकवानों को पकाने का रहस्य है सही-सही समय पर सही सामग्री डालना और इस तरह से भोजन बनाने का सही क्रम अपनाना। करी की कई विधियों में बिना फैट (वसा) वाली सादी दही का इस्तेमाल क्रीम के स्थान पर, स्वास्थ्य का ध्यान रखते हुए किया जाता है।

"छौंक" भारतीय भोजन का प्रमुख हिस्सा हैं। सुगन्धपूर्ण ज़ीरा गर्म तेल में डालकर, धीमी आँच पर सुनहरा करके जब दाल में डाला जाता है तो उनकी रंगत ही बदल जाती है। पर वहीं अगर जीरा जल जाए तो दाल का जायका ही बिगड़ जाता है। यह पुस्तक साफ तौर पर आपको समझाती है कि अपनी दालों का स्वाद सही तरह से कैसे बढ़ाया जाए।

सब्ज़ियों और मीट चावल और रोटी के साथ लिया जाता है। भारतीय बासमती चावल से बने और जादुई मसालों जैसे सौंफ, दालचीनी और इलायची से सुगन्धित लज़ीज बिरयानी और पुलाव को बहुत सरल ढंग से पेश किया गया है। भारतीय नान, फुलके और पराँठों की तो बात ही अलग है। यह पुस्तक आपको बताएगी कि कैसे कुछ काले तिल और कटे हुए बादाम साधारण नान को खास बना देते हैं।

मैने क्रमवार निर्देशों को देते हुए, विधियों को आपके लिए सरल से सरल बनाने की कोशिश की है जिससे आप भारतीय भोजन के दिलकश स्वाद और सुगन्ध का आनन्द उठा सकें!

नीता मेहता

रेसिपी के बारे में

एक कप में क्या है?

भारतीय कप

1 चाय का कप = 200 मिली. पानी आता है

किताब में दी गई रेसिपी को भारतीय चाय के कप से जाँचा गया जिसमें 200 मिली लीटर पानी आता है।

विषय - सूची

सूखे व्यंजन 51

वेजिटेरियन

नॉन वेजिटेरियन

चावल और परांठे 59

वेजिटेरियन

नॉन वेजिटेरियन

चटनी और आचार 72

वेजिटेरियन

नॉन वेजिटेरियन

मीठे 77

मीठे

हर्ब और मसाले

जावित्री
(मेस)

राई सरसों
(मस्टर्ड सीड)

मोटी इलायची
(ब्लैक कार्डमम)

साबुत धनिया
(कोरियन्डर सीड)

सौंफ
(फेनल सीड)

शाह ज़ीरा
(ब्लैक क्यूमिन सीड)

मगज़
(मेलन सीड)

चाट मसाला
(चाट स्पाईस बलैन्ड)

सलीरी
(अजमुड)

मेथी पाउडर
(फेनुग्रीक पाउडर)

गर्म मसाला
(स्पाईस बलैन्ड)

अमचूर
(मैंगों पाउडर)

पुदीना
(मिंट)

सौए
(दिल)

सफैद ज़ीरा
(क्यूमिन सीड)

अजवाइन
(कैरम सीड)

हरा धनिया
(कोरियन्डर लीफ)

लाल मिर्च पाउडर
(रेड चिली पाउडर)

हरी मिच
(ग्रीन चिली)

साबुत कालीमिर्च
(पेप्परकॉर्न)

अदरक
(जिंजर)

सूखी लाल मिर्च
(रेड चिली, ड्राय)

करी पत्ता
(करी लीफ)

केसर
(सैफ्रन)

लहसुन
(गार्लिक)

जायफल
(नटमेग)

कसूरी मेथी
(फेनुग्रीक लीफ ड्राय)

लौंग
(क्लोव)

दालचीनी
(सिनामन)

तेज़ पत्ता
(बे लीफ)

हींग
(ऐसफटीडा)

छोटी इलायची
(ग्रीन कार्डमम)

तिल
(सेसमी सीड)

मेथी दाना
(फेनुग्रीक सीड)

कलौंजी
(नाइजीला सीड)

चकरी फुल
(स्टार ऐनीज़)

घर के बने भारतीय मसाले

भारतीय पकवान के फ्लेवर को बढ़ाने के लिए

गर्म मसाला

½ कप बनेगा

2" के दालचीनी के 5-6 टुकड़े

15-20 मोटी इलायची

¾ बड़े च. लौंग

2 बड़े च. साबुत काली मिर्च

2 बड़े च. जीरा

½ जावित्री का फूल

1. मोटी इलायची के बीज निकाल कर छिलका फेंक दें।
2. सारी सामग्री को कढ़ाई में, धीमी आँच पर 2 मिनट हिलाते हुए भूनें जब तक सोंधी सी सुगंध आने लगे।
3. आँच से उतारें। ठंडा करें। साफ कॉफी या मसाला ग्राइन्डर में अच्छी तरह पीसकर पाउडर बनाएँ। अच्छी तरह पिस जाने पर हवा बंद डिब्बे में रखें।

चाट मसाला

¾ कप बनेगा

3 बड़े च. जीरा

1 बड़ा च. सोंठ

2 छोटे च. अजवाइन

2 छोटे च. अमचूर

2 बड़े च. काला नमक

1 छोटा च. नमक, 1 छोटा च. पिसी काली मिर्च

½ छोटा च. जायफल

1. जीरे को सुनहरा भूरा होने तक तवे पर भूनें। एक कटोरी में डाल कर अलग रखें।
2. मध्यम आँच पर 2 मिनट तक जीरे को भूनें जब तक सुगन्ध आने लगे।
3. एक हवा बंद जार में रखें।

तंदूरी मसाला

½ कप बनेगा

2 बड़े च. साबुत धनिया
2 बड़े च. जीरा
1 छोटा च. मेथी दाना
1 बड़ा च. साबुत काली मिर्च
1 बड़ा च. लौंग
8 मोटी इलायची के बीज
2 छोटे च. देगी मिर्च
1 बड़ा च. कसूरी मेथी
1 बड़ा च. पिसी दालचीनी
½ बड़ा च. सोंठ
½ छोटा च. लाल मिर्च पाउडर

1. एक नॉनस्टिक तवे पर मध्यम आँच पर लगभग 1 मिनट एक साथ भूनें–धनिया के बीज, जीरा, मेथी दाने, साबुत काली मिर्च, लौंग और इलायची, जब तक सुगन्ध आने लगे।
2. आँच से उतारें और मसालों को ठंडा होने दें। पीस कर बारीक पाउडर बना लें। अन्य सारी सामग्री मिलाकर हवा-बन्द डिब्बे में रखें।

साभंर पाउडर

½ कप बनेगा

¼ कप साबुत धनिया
1 बड़ा च. जीरा
1 बड़ा च. सूखी चने की दाल
2 छोटा च. मेथी दाना
5-6 साबुत लाल मिर्च
½ छोटा च. हींग
1½ छोटा च. साबुत काली मिर्च

1. सारी सामग्री को एक साथ, धीमी आँच पर एक नॉन स्टिक तवे पर भूनें जब तक सुगन्धित हो जाए।
2. मसालों को ठंडा करें और एक छोटे कॉफी ग्राइन्डर में पीस कर बारीक पाउडर बनाएँ। हवा बंद जार में रखें।

भारतीय मसालों का डिब्बा

लगभग हर भारतीय रसोई में आप पाएंगे ज़रूरी मसाले रखने का कई खानो वाला यह डिब्बा।

खाना पकाने के कुछ बर्तन

कढ़ाई – कढ़ाई एक गहरी, गोल पेंदे का बर्तन होता है जिसमें दोनों तरफ एक-एक हैंडल होता है। यह अधिकतर भारतीय मसालेदार पकवानों को बनाने के लिए इस्तेमाल होता है। खरीदते समय, मध्यम साइज़ की भारी पेंदे वाली कढ़ाई का चुनाव करें। स्टील, पीतल की कढ़ाई का इस्तेमाल पहले होता था पर अब अल्यूमीनियम या नॉनस्टिक अधिक लोकप्रिय हो गई हैं। ताम्बे के पेंदे वाली कढ़ाई भी आजकल लोकप्रिय हो रही है।

तवा – भारी पेंदे के लोहे की सीक के तवे पर रोटियाँ अच्छी बनती है। आजकल नॉनस्टिक तवे भी मिलते हैं।

सॉस पैन – गहरे, हैंडल वाले पैन होते है। इसे चाय बनाने के लिए, सब्ज़ियों को ब्लाँच करने के लिए या ऐसे भोजन बनाने के लिए इस्तेमाल किया जाता है जिसमें रस्से की आवश्यकता होती है। आमतौर पर यह स्टेनलेस स्टील के बने होते हैं और अलग - अलग आकार में मिलते हैं। नॉनस्टिक वाले भी मिलते हैं।

पतीला – पानी, दूध, चावल इत्यादि उबालने के काम में आता है। भारी पेंदे वाला खरीदें। गहरे, नॉनस्टिक बर्तन जिसमें हैंडल हो, भी मिलते हैं जो कि सूप, चावल और सब्ज़ियाँ बनाने के लिए बड़े सुलभ रहते हैं।

नॉन स्टिक फ्राईंग पैन

— 2" ऊँचा पैन टिक्की, कबाब इत्यादि, को शैलो फ्राई करने के लिए आदर्श होता है। यह सूखी डिश बनाने के लिए भी अच्छा बर्तन है। सब्ज़ियाँ चौड़े में एक पर्त में रहने से बाहर से करारी हो जाती हैं और अन्दर से नम बनी रहती हैं। याद रखें कि नॉनस्टिक बर्तनों के लिए प्लास्टिक या लकड़ी की चम्मच का इस्तेमाल हिलाने और फ्राई करने के लिए करें। धातु के बने चम्मच से नॉनईस्टक बर्तन पर खरोंच आ सकती है जिससे वह खराब हो सकता है। उन्हें धोने के लिए तेज डिटरजेन्ट का इस्तेमाल नहीं करें। साबुन वाला गर्म पानी उत्तम है। एक छोटा (लगभग 7" गोलाई) और 1 बड़ा (10" गोलाई) का पैन होना अच्छा रहता है। डोसे और चीले भी आसानी से इन पर बन जाते हैं।

कड़छी

— बड़ी हैंडल की चम्मच जिसके छोर पर मसाले चलाने के लिए छोटी कटोरी नुमा चम्मच होती है। पर्याप्त मज़बूत होनी चाहिए।

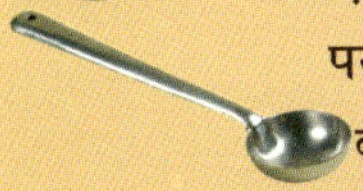

पल्टा

— इन चौड़ी, धातु के पलटों में पतलें लचीले, पर मजबूत प्लेट होते हैं जो कि भोजन के नीचे आसानी से चले जाते है और इतने मजबूत होते है कि सब्ज़ी को पलट भी देते है। सिर्फ चीलों के लिए ही नहीं यह कबाब को पलटने के लिए भी आदर्श हैं। ताप विरोधी हैंडल वाल खरीदना ठीक रहेगा।

चकला बेलन

— संगमरमर या भारी वजन वाल चकला रोटी, पूरी इत्यादि बेलने के लिए आदर्श होता है और उसके साथ लकड़ी का बेलन हो तो सेट पूरा हो जाता है। प्लास्टिक के बेलन भी मिलते है पर वे मुझे सुविधा जनक नहीं लगते।

परात

— आमतौर पर स्टेनलेस स्टील का बना, आटा गूंदने का कम गहरा बाउल। अगर आपका परिवार छोटा है तब भी मध्यम आकार का खरीदे क्योंकि अगर यह बहुत छोटा होगा तो आटा गूँदते समय किनारों से आटा गिरने लगेगा। आटे को 'फूड प्रोसेसर' में भी गूँदा जा सकता।

छन्नी

— बड़ी, चौड़ी छन्नी जिसे पके हुए चावल पास्ता और ताज़ी सब्ज़ियों को धोने के बाद सारा पानी निथारने के काम में लाया जाता है।

छारा, पौनी

— एक बड़ी चम्मच जिसमें छेद हो और एक लंबा हैंडल हो। तले हुए भोजन को तेल से निकालने के लिए अच्छा रहता है क्योंकि इसके छेदों से तेल अच्छी तरह से निकल जाता है। पकते हुए द्रव से ठोस भोजन को बाहर निकालने के भी काम आता है।

कुछ सुझाव

उत्तम पकवान पाने के लिए इन सुझावों का पालन करें ......

स्नैक के लिए सुझाव

- तेल से भरा स्नैक देखने में अच्छा नहीं लगता, तो अपनी आदत बनाएँ की तलें हुए स्नैक को तेल से निकाल कर फौरन टिश्यु या पेपर नैपकीन पर उतारें जिससे अधिक तेल पेपर सोख ले।
- सलाद के पत्ते, पुदीना या हरा धनिया की एक डंठल सर्विंग डिश के किनारे लगा दें तो स्नैक अत्यधिक आकर्षक लगने लगता है। हरे पत्तों को करारा बनाने के लिए उन्हें ठंडे पानी में डालकर रखें। थोड़े से खीरे की स्लाइस या टमाटर की फांके, हरी पत्तियों के साथ लगाने से स्नैक का आकर्षण और बढ़ जाता है।
- कटलेट या रोल पर कुरकरी पर्त लाने के लिए स्नैक को मैदे और पानी के पतलें घोल में डुबोएँ और ब्रेड क्रम्ब में रोल करें। अच्छी तरह भूरा होने तक तलें।
- एक चम्मच तिल या खसखस या अजवाइन पर्त चढ़ाने वाले मिश्रण में या ब्रेड क्रम्ब में डालने से स्नैक रोचक बनता है।
- ब्रेड क्रम्ब नहीं हो तो ¼ कप मैदा और ½ कप सूजी को मिलाकर इस्तेमाल करें-आपको कुरकुरी पर्त मिलेगी।
- अगर आपके कटलेट टूट जाते हैं तो फटाफट 1-2 स्लाइस ब्रेड को मिक्सी में पीसें जिससे ताजे ब्रेड क्रम्ब मिलें। इसे कटलेट के मिश्रण को बाँधने के लिए उसमें डालें।
- पोटेटो चिप्स् बनाने के लिए, स्लाइस किए हुए आलू को ठंडे पानी में 1 घंटे रखें और पानी निकालें। पोंछ कर सुखाएँ और तलने से पहले उस पर थोड़ा मैदा छिड़कें।
- कभी भी धुँआ निकलते, अत्यधिक गर्म तेल में नहीं तलें, इससे स्नैक काला हो जाएगा। कभी भी ठंडे तेल में नहीं तलें, स्नैक टूट जाएगा या अधिक तेल सोखेगा।
- स्नैक को डीप फ्राई करने के लिए, तेल में थोड़ी - थोड़ी मात्रा में स्नैक डालेंगे तो तेल ठंडा नही होगा और स्नैक अधिक तेल भी नहीं सोखेगा।
- डीप फ्राई करने के बाद तेल को ठंडा हो जाने दें। इस्तेमाल किए हुए तेल को दोबारा इस्तेमाल करने से पहले उसमें थोड़ा ताज़ा तेल डाल दें। इससे तेल काला नहीं पड़ेगा।

दाल पकाने के लिए सुझाव

- साबुत दालों को रात भर या उबलते पानी में 20 मिनट भिगोएँ जिससे नरम हो जाए। पकाने के लिए उसी पानी का इस्तेमाल करें जिसमें दाल को भिगोया गया है।
- पकाते समय तेल या घी की कुछ बूँदे डालें जिससे पकने के समय की बचत होगी और झाग नहीं उठेगा।
- मीठे सोडे का इस्तेमाल नहीं करें क्योंकि यह विटामिन 'B' तत्वों को नष्ट करता है।
- अगर 1 कप दाल पकानी है तो 3-4 कप पानी, दाल के अनुसार डालें। अच्छी तरह पकी और घुटी हुई दाल का स्वाद बढ़िया होता है।

रोटी/पूरी बनाने के लिए सुझाव

- आटे को अच्छी तरह गूँदें और आधा घंटे तक रखें जिससे यह मुलायम हो जाए। अगर ऐसा नहीं होगा तो रोटी नरम नहीं बनेगी।
- आटा गूंदने के लिए पर्याप्त मात्रा में पानी डालें जिसमें पकाने के लिए न तो वह अधिक सूखा रहे और न ही अधिक गीला। अनाज की भीगने की क्षमता अलग-अलग होती है। उदाहरण के लिए आटे को 60 प्रतिशत (वजन से) पानी चाहिए जिससे रोटी परांठे के लिए नरम आटा तैयार हो।
- पूरी और कचौड़ी बनाने के लिए कम पानी का इस्तेमाल करें जिसे सख्त आटा तैयार हो।
- आटा बेलते समय सूखे आटे का अधिक इस्तेमाल नहीं करें।
- रोटी और परांठे के लिए भारी तवे का इस्तेमाल करें।
- पूरी तलने के लिए घी को धुआँ आने तक गर्म करें बाद में आँच कम करें।

चावल उबालने के लिए सुझाव

- हमेशा अच्छी किस्म के चावल का इस्तेमाल करें। जितना पुराना चावल होगा उतना ही पकने की क्वालिटी में सुधार होगा।
- चावल को बार बार धोकर साफ करें जब तक साफ पानी निकलने लगे। चावल को ताज़े पानी में आधा घंटा भिगो कर रखें।
- चावल के दानों को और सफेद और खिला-खिला बनाने के लिए 1-2 छोटा च. नींबू का रस डालें।
- उबले हुए चावल बनाने के लिए 1 कप चावल के लिए 5-6 कप पानी को 1 बड़े पैन में उबालें। पानी उबलने लगे तो चावल डालें। चावल को स्टीम करने के लिए पानी की मात्रा दुगनी करें। स्टीम राइस के लिए 1 कप चावल के लिए 2 कप पानी की आवश्यकता होगी।
- चावल को अधिक पानी मे उबालते समय, जब चावल पकने को हो तब चावल छानकर पानी निकाल दें। अधिक पकाने से चावल गीला सा हो जाता है। चौड़े बर्तन में ठंडा करें।
- ढकें नहीं। भाप को निकलने के लिए काँटे से अलग-अलग करें जिससे चावल के दाने आपस में चिपके नहीं।
- 1 कप कच्चे चावल से 2 कप उबला चावल तैयार होगा।

पेय और शरबत

गाजर की काँजी

होली या किसी भी खास मौके का आनंद उठाएँ इस मज़ेदार पेय के साथ- ठंडा, तीखा और मसालेदार!

व्यक्ति 8

500 ग्राम काली गाजर
3 छोटे च. नमक
1 छोटा च. काला नमक
¼ छोटा च. हींग
2 छोटे च. दरदरी कुटी लाल मिर्च
3 बड़े च. पिसा राई पाउडर
8-10 कप पानी

1. गाजर को छील कर धोएँ और लंबे पतलें टुकड़े काटें।
2. गाजर को बाकि की सारी सामग्री के साथ बाउल में मिलाएँ।
3. एक काँच के जार में डालें, अच्छी तरह सील करें और 4-5 दिनों के लिए कमरे के तापमान पर रखें जिससे खट्टा हो जाए।
4. परोसने के समय तक फ्रिज में रखें। ठंडा परोसें।

नोटः - अगर काली गाजर नहीं मिले तो सामान्य गाजर या चुकन्दर ले लें। काँजी तैयार होने का समय निर्भर करता है तापमान पर, यदि मौसम गर्म है तो काँजी जल्दी तैयार होगी। इसलिए रोज़ चेक करते रहें।

कश्मीरी कहवा

बादाम से भरपूर, केसर की सुगन्ध युक्त कश्मीर की एक खास चाय।

2 कप बनेंगे

2¼ कप पानी
1 छोटा च. हरी चाय की पत्ती
2 छोटा च. चीनी, या स्वादानुसार
2 छोटी इलायची - पीस लें
2 चुटकी दालचीनी पाउडर, 4-6 केसर के डोरे

टॉपिंग

3-4 बादाम - पतले लंबे टुकड़े काटें

1. सारी सामग्री को सॉस पैन में मिलाएँ। उबालें। धीमी आँच पर 5 मिनट पकाएँ।
2. चाय को कप में डालें।
3. हरेक कप को कटे हुए बादाम से टॉप करें। गर्म परोसें।

नोटः- *कहवा हाजमे के लिए अच्छा है। आप चाहें तो चीनी नहीं भी डाल सकते हैं।*

दक्षिणी टमाटो रसम

यह पारंपरिक रसीले टमाटर का रसम तीखा और चटपटा है जिसको देख कर ही आपके मुँह में पानी भर आएगा।

व्यक्ति 6-8

1 किलो टमाटर - प्रत्येक को 4 टुकड़ों में काटें
3 कप पानी
1 बड़ा च. तेल
2-3 साबुत, सूखी लाल मिर्च
1 छोटा च. जीरा, 1 छोटा च. राई
¼ छोटा च. हिंग, कुछ करी पत्ते
¼ छोटा च. हल्दी पाउडर
1½ छोटा च. नमक, या स्वादानुसार
1½ छोटा च. साबुत काली मिर्च
8-10 कली लहसुन

1. लहसुन की कलियों को छिलके उतार कर दरदरा कूट लें। अलग से साबुत काली मिर्च को भी कूट लें।
2. 3 कप पानी के साथ टमाटर उबालें। आँच पर लगभग 10 मिनट रखें जब तक टमाटर नरम पड़ जाए। आँच से उतारें और ठंडा करें। मिक्सी में प्यूरी करें।
3. 1 बड़ा च. तेल गर्म करें। आँच कम करें और लाल मिर्च को तलें जब तक एक शेड गहरा रंग हो जाए। एक साथ डालें-जीरा, सरसों और हींग। जब जीरा सुनहरा हो जाए, करी पत्ते डालें।
4. प्यूरी किए हुए टमाटर, नमक और हल्दी डालें।
5. कुटा हुआ लहसुन और काली मिर्च को टमाटर में डालें। धीमी आँच पर 10 मिनट पकाएँ। आँच से उतारें।
6. छान लें। छन्नी में पड़ी सामग्री को निकाल दें। हरे धनिया से सजा कर रसम परोसें।

मटन मुलीगटॉनी

इस नारियल से सुगन्धित सूप से सर्दियों में मज़े लें।

व्यक्ति 4-5

350 - 400 ग्राम मटन (हड्डी रहित) - ¼" के टुकड़े काटें
1 बड़ा च. मक्खन, ½ कप कटा हुआ प्याज़
1 छोटा च. कुटा हुआ लहसुन, कुछ करी पत्ते
½ कप धुली मसूर की दाल
½ कप कटा हुआ सेब
1 कप रेडीमेड नारियल का दूध
2 छोटा च. करी पाउडर
½-¾ छोटा च. कुटी लाल मिर्च
नमक, काली मिर्च स्वादानुसार
2 बड़े च. उबले हुए चावल
1 बड़ा च. नींबू का रस

1. एक गहरे बर्तन में मक्खन को पिघलाएँ। प्याज़, लहसुन और करी पत्ते डालें। 1 मिनट के लिए भूनें।
2. मटन, दाल और सेब डालें। 5 मिनट मध्यम आँच पर पकाएँ।
3. करी पाउडर और मिर्च पाउडर डालें। हिलाएँ। 6 कप पानी डालें। उबलने दें। 30 मिनट धीमी आँच पर पकाएँ। छान ले। मटन के टुकड़े निकालें। छननी में बची हुई सामग्री को मिक्सी में थोड़ा पानी डाल कर पीसें। इसे सूप में दोबारा छान कर डाल दें।
4. मटन के छोटे-छोटे टुकड़े काटें। 1 कप नारियल का दूध और मटन के टुकड़े सूप में डालें। नमक और काली मिर्च डालें। उबाल आने दें। मसाले चेक करें। अगर ज़रूरत हो तो नमक और काली मिर्च और डालें। स्वाद के अनुसार नींबू का रस डालें।
5. 1 छोटा च. उबले हुए चावल छिड़क कर, पुदीने से सजा कर सूप के बाउल में परोसें।

मूँग दाल तीली पकोड़े

24 पीस बनेंगे

200 ग्राम पनीर - ¾" के चौकोर और ¼-½" मोटाई के टुकड़े काटें
1 बड़ी शिमला मिर्च - ¾" के टुकड़े काटें
2 टमाटर - 4 टुकड़ो में लंबाई में काटें, गूदा निकालें और ¾" के टुकड़े काटें
थोड़ा सा चाट मसाला, 24 तीलियाँ (टूथ पिक)

घोल

½ कप धुली मूँग दाल - 1-2 घंटे भिगो दें
2 बड़े च. कॉर्नफ्लॉर
2 बड़े च. ताज़ा हरा धनिया - बहुत बारीक काटें
1 हरी मिर्च - बहुत बारीक काटें
½ छोटा च. नमक या स्वादानुसार
½ छोटा च. लाल मिर्च पाउडर
1 छोटा च. धनिया पाउडर
¼ छोटा च. अमचूर
½ छोटा च. गर्म मसाला (ऐच्छिक)
1-2 चुटकी तंदूरी लाल रंग (ऐच्छिक)

1. दाल को 1-2 घंटे के लिए भिगो दें। पानी निकालें थोड़ा पानी डाल कर मिक्सी में पीस कर गाढ़ा पेस्ट बनाए। बाउल में डालें। हाथ से अच्छी तरह फेंटे जब तक हल्का हो जाए।
2. कॉर्नफ्लॉर, हरा धनिया, हरी मिर्च, नमक, लाल मिर्च पाउडर, धनिया पाउडर, अमचूर और गर्म मसाला दाल के पेस्ट में डालें। रंग डालें। थोडा पानी डाले जिससे पर्त चढने लायक हो जाए। अलग रखें।
3. पहले शिमला मिर्च, फिर पनीर और फिर एक टमाटर का टुकड़ा तीली में डालें। तीनों के बीच में थोड़ी जगह छोड़ दें। परोसने के समय तक अलग रखें।
4. परोसने के लिए, डीप फ्राई करने के लिए तेल गर्म करें। पनीर की तीलियों को तैयार दाल के घोल में डुबोएँ। अधिक घोल को झटक दें।
5. 6-8 को एक बार में एक साथ सुनहरा होने तक डीप फ्राई करें। चाट मसाला छिड़क कर गर्म परोसें।

दही कबाब

टँगी हुई दही को भुने हुए बेसन से गाढ़ा किया जाता है और इस मिश्रण को कबाबों का आकार दिया जाता है। तैयार कबाब को बड़े ध्यान से दूध में घुली सुनहरी प्याज से कोट किया जाता है।

8-10 बनेंगे

2 कप दही मलमल के कपड़े में बाँध कर 3-4 घंटे के लिए टांग दे जिससे पूरी तरह से पानी निथर जाए
½ कप बेसन
2 छोटे च. लहसुन का पेस्ट
¾ कप तेल शैलो फ्राई करने के लिए
1 प्याज - स्लाइस काट लें
¼ कप दूध छिड़कने के लिए

दही कबाब मसाला

4 छोटी इलायची, ½" टुकड़ा दाल चीनी
8-10 लौंग
½ छोटा च काली मिर्च, 1 छोटा च. नमक
1½ छोटा च. लाल मिर्च पाउडर

1. बेसन को लगभग 2 मिनट भूनें जब तक वह रंग बदलने लगे और हल्का सुनहरा हो जाए। अलग रखें।
2. फ्राईंग पैन में तेल गर्म करें। स्लाइस किए हुए प्याज़ को सुनहरा भूरा होने तक फ्राई करें, निकालें और पीस कर पेस्ट बनाएँ। फ्राई किए हुए प्याज़ के पेस्ट को परोसने के समय तक अलग रखें।
3. इलायची, दालचीनी और लौंग को दही कबाब मसाले के लिए पीसें। नमक, काली मिर्च और लाल मिर्च डालें। मसाला पाउडर अलग रखें।
4. ऊपर लिखे मसालो का 2 छोटे च. पाउडर को टंगी हुई दही में मिलाएँ, बाकी बचे मसाले को स्टेप 6 में इस्तेमाल के लिए बचा कर रख लें। लहसुन और बेसन भी डालें और अच्छी तरह मिलाएँ। गोले बनाएँ। अपने हाथ को थोड़ा गीला करें और गोले को चपटा करें और कबाब सा आकार दें। कम-से-कम 30 मिनट के लिए फ्रिज में सेट होने के लिए ठंडा करें।
5. तेल को पैन में गर्म करें और कबाबों को धीमी आँच पर सेकें, एक मिनट बाद पलटें जिससे दोनों तरफ से अच्छी तरह से भूरे हो जाएँ। अलग रखें।
6. परोसने के लिए, फ्राई किए हुए प्याज़ के पेस्ट को पैन में डालकर धीमी आँच पर चढ़ाएँ। बचा हुआ मसाला पाउडर डालें, हिलाएँ और तलें हुए कबाब डालें। हल्के से मिक्स करें। कबाबों पर दूध छिड़कें। साइड पलटें और दूसरी साइड पर भी दूध छिड़कें। निकालें और फौरन परोसें।

सीख लाहौरी

इस सरल रेसिपी से पुराने लहौर के भीड़भाड़ वाले बाज़ार की शाम के स्वाद को छू लें।

व्यक्ति 6

800 ग्राम कीमा
1 प्याज - बारीक काट लें
1½" टुकड़ा अदरक - बारीक काट लें
8 कली लहसुन - बारीक काट लें
4 हरी मिर्च - बीज निकाल कर, बारीक काट लें
3 बड़े च. कटा हुआ हरा धनिया
2 अंडे
4 बड़े च. कदुकस किया हुआ चेदर चीज़
½ छोटा च. कटा हुआ पुदीना
2 बड़े च. भुना हुआ बेसन

लाहौरी सीख मसाला

1 छोटा च. अनार दाना
1 छोटा च. साबुत काली मिर्च
2 छोटी इलायची के बीज
1 मोटी इलायची के बीज
1" टुकड़ा दालचीनी
2 लौंग
1 चुटकी दालचीनी
1 चुटकी जायफल
¾ छोटा च. काला नमक

नरम रखने के लिए (बास्टिंग)

देसी घी या पिघला हुआ मक्खन

1. कीमे को छन्नी में धो लें और हल्के से दबा कर सारा पानी निकाल दें। बारीक करने के लिए उसे मिक्सी में पीस लें।
2. लाहौरी सीख मसाले की सारी सामग्री को एक छोटे ग्राइन्डर में पीस कर पाउडर बना लें।
3. बाउल में कीमा, प्याज़, अदरक, लहसुन, हरी मिर्च, हरा धनिया, अंडे, चीज़, पुदीना बेसन, पिसे मसाले डालें अच्छी तरह मिलाएँ। 16-18 गोलियाँ बनाएँ और 2 घंटे के लिए अलग रखें।
4. ऑवन के वायर रैक को फॉयल से ढकें। फॉयल को तेल से अच्छी तरह से चिकना करें। लोहे की सीक पर तेल लगाकर फॉयल पर रखें। 180°C पर अवन गर्म करें।
5. एक बार में एक कीमे की गोली उठाएँ और दूसरे हाथ में गर्म लोहे की सीक ध्यान से पकड़ें। कीमे को ध्यान से गर्म लोहे की सीक पर दबाएँ। कीमा फौरन गर्म लोहे की सीक पर चिपक जाएगा।
6. उसी सीक में दूसरा सीख लें, 2" की जगह छोड़ दें। बचे हुए कीमे से सभी सीक पर दोहराएँ।
7. सीक को फॉयल लगी वायर रैक पर रखें। 10-15 मिनट ऑवन में पकाएँ, साइड पलटें, घी या पिघला मक्खन चुपड़ें। 5 मिनट और पकाएँ। जब पक जाए, कबाब को सीक पर से हल्के से कपड़े की सहायता से निकाल लें। 2" के टुकड़े काट कर, पुदीने की चटनी के साथ परोसें।

दिल्ली के फ्रूट कुल्ले

पुरानी दिल्ली की सड़कों पर बिकते हैं, कोयले पर भुने आलू के खोखले कप। हालाँकि, घर की रसोई की सुविधा के लिए आलू को उबाला भी जा सकता है। शुरूआत तो आलुओं से हुई और अब हर तरह के फल और सब्जी के कुल्ले लोकप्रिय हो गए हैं।

व्यक्ति 6

3 छोटे आलू - उबालें
3 छोटे टमाटर
1 खीरा - 1½" लंबे टुकड़े काट लें

भरावन

½ कप सफेद छोले - गर्म पानी में 1 घंटा भिगो कर रखें
½ कप ताज़े अनार के दाने
½ कप अंगूर (काले या हरे) - हरेक को बीच से दो टुकड़ों में काटे
½ कप मटर - उबालें
2-3 हरी मिर्च - बीज निकाल कर काटें
1-2 बड़ा च. चाट मसाला, काला चाट मसाला अच्छा रहेगा
½ छोटा च. भुना जीरा पाउडर
½ नींबू का रस
नमक स्वादनुसार

1. चने से पानी निकालें। 1 छोटा च. नमक और 1 कप पानी डाल कर उन्हे प्रेशर कुकर में डालें। 1 सीटी दिलवाएँ। आँच से उतारें। प्रेशर कम होने पर चने से पानी निकालें। सारा पानी निकलने के लिए उसे छन्नी में ही रहने दें।
2. उबले हुए आलू छीलें। हरेक आलू को 2 टुकड़ों में काटें। एक स्कूपर या चाकू की सहायता से बीच का भाग निकाल कर खोखले कप का आकार दें। आलू के कप में थोड़ा नींबू का रस और चाट मसाला छिड़कें और अच्छी तरह रगड़ें। अलग रखें।
3. टमाटर के दो टुकड़े काटें और गूदा बाहर निकालें। इस तरह से खीरे का भी गूदा निकालें परन्तु बेस को सुरक्षित रहने दें। थोड़ा नींबू का रस और चाट मसाला कप में छिड़कें।
4. भरावन के लिए, सारी सामग्री को बाउल में मिलाएँ। भरावन को चेक करें और अपने स्वाद के अनुसार बनाएँ अलग रखें।
5. हरेक खोखले किए गऐ कप में यह भरावन डालें, थोड़ा उपर उठा हुआ सा भरें। परोसें।

अमृतसरी फिश

इन घोल में फ्राई किए गए सुनहरे फिंगर की खासियत यह है कि मछली (बेहतर रहेगी सोल) के नाजुक स्वाद और रूप को मसाले से सराबोर नहीं किया गया है - है तो बस, अजवाइन की एक भीनी छुअन।

व्यक्ति 5-6

500 ग्राम हड्डी रहित फिश
1½ के लंबे टुकड़े काटें, 10-12 टुकड़े
¼ छोटा च. हल्दी
1 छोटा च नमक
1 बड़ा च. नींबू का रस
2 बड़े च. बेसन

घोल

3 बड़े च. मैदा
4 बड़े च. कॉर्नफ्लॉर
3 बड़े च. बेसन
1 अंडा
1 छोटा च. अजवाइन
2 छोटे च. लहसुन का पेस्ट
2 छोटे च. अदरक का पेस्ट
¾ छोटा च. नमक
1½ छोटा च. लाल मिर्च पाउडर
1 बड़ा च. नींबू का रस
एक चुटकी रंग
½ कप पानी, लगभग

परोसने के लिए

ऊपर छिड़कने के लिए थोड़ा चाट मसाला
हरी चटनी
एक बड़ा नींबू - फाँकों में काटें

1. मछली के 1½ के लंबे और ¼" मोटें टुकड़े काटें।
2. मछली के टुकड़ों पर हल्दी, नमक, नींबू का रस, और बेसन रगडें। 20 मिनट अलग रखें। अच्छी तरह धोएं जिससे सारी महक निकल जाए। साफ तौलिए से पोंछें।
3. सारी सामग्री को एक साथ मिला कर पर्त चढ़ाने लायक पतला सा घोल तैयार करें।
4. फिश को उसमें मैरनेट होने के लिए कम-से-कम 2 घंटे के लिए या परोसने के समय तक के लिए फ्रिज में रखें।
5. परोसने के समय, मध्यम आँच पर तेल गर्म करें फिश के टुकड़े उठाएँ, मध्यम धीमी आँच पर सुनहरे रंग में डीप फ्राई करें जब तक फिश पक जाए और करारी हो जाए।
6. चाट मसाला छिड़कें और नींबू की फाँकों से और धनिया और पुदीनें से सजा कर गर्म परोसें।

नोटः अलग सा फ्लेवर लाने के लिए 1-1½ छोटा च. सूखी कसूरी मेथी भी घोल में डाली जा सकती है।

झींगा तिल टिंका

एक मोहक अनुभव। तिल की सुगन्ध युक्त कुरकुरी पर्त को मुँह में डालते ही
मसाले की भीनी सुगन्ध से ओतप्रोत क्रीमी रहस्य की पर्तें खुलती जाएगी।

16 बनेंगे

500 ग्राम मध्यम आकार के
प्रॉन धो कर साफ करें और नसे निकाल दें
½ नींबू का रस, डीप फ्राई के लिए तेल

पहला मैरिनेड

5 छोटे च. लहसुन का पेस्ट (16-18 कली लहसुन)
4 छोटे च. अदरक का पेस्ट (2" टुकड़ा अदरक)
½ छोटा च. सफेद या काली मिर्च का पाउडर
½ छोटा च नमक
4 बड़े च. नींबू का रस

दूसरा मैरिनेड

½ कप दही
½ छोटा च. नमक
एक चुटकी तंदूरी रंग
½ कप कदुकस किया हुआ चेदर चीज़
1½ छोटा च. अजवाइन
¼ कप क्रीम
½ छोटा च. छोटी इलायची पाउडर
3 बड़े च. बेसन

पर्त चढ़ाने के लिए

2 बड़े च. तिल
1 कप ताज़े ब्रेड क्रंम्ब (2 ब्रेड के स्लाइस को मिक्सी में पीसे जिससे ताज़े क्रंम्ब मिले)

1. ½ छोटा च. नमक और ½ नींबू का रस प्रॉन पर छिड़कें। मिलाएँ और 15 मिनट के लिए अलग रखें। अच्छी तरह धोएँ और पोंछ लें।
2. पहले मैरिनेड की सारी सामग्री को बाउल में मिलाएँ। प्रॉन डालें और हल्के से मिलाएँ। 30 मिनट अलग रखें।
3. दूसरे मैरिनेड की सारी सामग्री को एक अलग बाउल में मिलाएँ। अच्छी तरह मिलाएँ। पहले मैरिनेड के साथ प्रॉन को दूसरे मैरिनेड की बाउल में डालें। 30 मिनट अलग रखें।
4. हरेक प्रॉन को लकड़ी की स्टिक या बड़ी तिल्ली पर लगाएँ।
5. ब्रेड क्रंम्ब को तिल के साथ मिलाएँ, लकड़ी में पिरोए हुए प्रॉन को ब्रेड क्रंम्ब में रोल करें और 15 मिनट फ्रिज में रखें।
6. कढ़ाई में तेल गर्म करें और एक बार में 1-2 पीस मध्यम आँच पर 2-3 मिनट फ्राई करें। तेल से निकालने से पहले चेक कर लें कि प्रॉन पक जाएँ। पुदीने की चटनी के साथ परोसें।

तंदूरी भरवाँ आलू

कितना मनोरम संगम! खोखले आलुओं में तंदुर में बेक किया हुआ पनीर, बादाम और गाढ़ी दही।

व्यक्ति 3 - 4

3 बड़े (लंबे) आलू
छिड़कने के लिए चाट मसाला

भरावन

3 बादाम - बेलन से दरदरा कूट लें
1 बड़ा च. पुदीना - काट लें
1 हरी मिर्च - बीच से काटें, बीज निकालें और काटें
4 बड़े च. कदुकस किया हुआ पनीर
¼ छोटा च. नमक या स्वादानुसार,
¼ छोटा च. गर्म मसाला
¼ छोटा च लाल मिर्च पाउडर
एक चुटकी सूखा अमचूर पाउडर

कवरिंग के लिए

½ कप गाढ़ी दही - 30 मिनट तक मलमल के कपड़े में बाँध कर टाँग दें, 1 बड़ा च. अदरक का पेस्ट
¼ छोटा च. लाल मिर्च पाउडर, ¾ छोटा च. नमक
¼ छोटा च. लाल तंदूरी रंग या हल्दी

भरवाँ आलू मसाला

1 छोटा च. शाह जीरा
2 मोटी इलायची के बीज
6-8 साबुत काली मिर्च
2-3 जावित्री की पत्ती

1. आलुओं को नमक के पानी में उबालें जब तक नरम हो जाएँ। जब वह बिल्कुल गर्म नहीं रहें तो छिलके उतार दें।
2. भरावन के लिए कुटे हुए बादाम के साथ पुदीना, हरी मिर्च, कदुकस किया हुआ पनीर, नमक, गर्म मसाला, लाल मिर्च और अमचूर डाल कर मिलाएँ।
3. शाह जीरा, मोटी इलायची के बीज, काली मिर्च और 2-3 चुटकी जावित्री को पीस कर दरदरा पाउडर बनाएँ।
4. पनीर के भरावन में ¼-½ छोटा च. ऊपर लिखा ताज़ा कुटा गर्म मसाला भी डालें। बचा हुआ पाउडर अलग रखें।
5. कवरिंग के लिए, टंगी हुई दही, अदरक का पेस्ट, बचा हुआ ताज़ा कुटा गर्म मसाला, लाल मिर्च और नमक मिलाएँ। हल्दी या रंग डालें।
6. आलू के पीछे काँटें को चलाए जिससे आलूओं के पीछे का भाग खुरदुरा हो जाए (खुरदुरा सतह दही अच्छी तरह से पकड़ लेगा) आलू को 2 भाग में सीधे काटें। चम्मच के पीछे से उनके बीच से थोड़ा सा गूदा निकालें, जिससे हरेक आलू थोड़ा खोखला हो जाए। पनीर के भरॉवन को आलू गें भरें।
7. चम्मच से दही को आलुओं के पीछे लगाएँ।
8. आलूओं को गैस तंदूर में या पहले से गर्म ऑवन में 15 मिनट चिकने वायर रैक पर रखकर ग्रिल करें। जब तक हल्के से सूख जाए।
9. थोड़ा सा तेल या पिघला हुआ मक्खन उन पर लगाएँ और पर्त पूरी सूख जाने तक अवॅन में दोबारा रखें। थोड़ा चाट मसाला छिड़कें और गर्म परोसें।

मुगलई मलाई टिक्का

चिकन के टुकड़ों को बढ़िया क्रीम के मैरिनेड में भिगोए-मक्खन लगाते हुए ग्रिल करें जिससे हरेक कौर स्वादिष्ट बने। ध्यान रहे कि हाथ में ड्रिंक्स थामे उन नौजवानों को परोसने के लिए टिक्के अधिक मात्रा में हों।

व्यक्ति 6-7

500 ग्राम बोनलेस चिकन-1½" के टुकड़े काटें

मैरिनेड

¾ कप गाढ़ी क्रीम

¼ छोटा च. इलायची पाउडर

(2-3 छोटी इलायची पीस लें)

1 छोटा च. सफेद या काली मिर्च पाउडर

1 छोटा च. लहसुन का पेस्ट

2 छोटे च. अदरक का पेस्ट

3 बड़े च. कॉर्नफ्लॉर

1 बड़ा च. पिघला मक्खन या घी

½ छोटा च. गर्म मसाला पाउडर

¼ छोटा च. अमचूर

½ छोटा च. जीरा पाउडर

1½ छोटा च. नमक

1 हरी मिर्च - कूट लें (ऐच्छिक)

उपर डालने के लिए

2 बड़े च. पिघला हुआ मक्खन या तेल

1. मैरिनेड की सारी सामग्री मिला लें - क्रीम, छोटी इलायची पाउडर, सफेद मिर्च, अदरक - लहसुन का पेस्ट, कॉर्नफ्लॉर, पिघला हुआ मक्खन, गर्म मसाला, अमचूर, जीरा पाउडर, नमक और हरी मिर्च।
2. चिकन को प्लास्टिक रैप या क्लिंग फिल्म से ढक कर 2 घंटे या परोसने के समय तक फ्रिज में रखकर मैरिनेड करें।
3. ॲवन को 180°C पर या तंदूर को गैस पर 15 मिनट धीमी आँच पर गर्म करें। वायर रैक को अल्यूमिनियम फॉयल से ढकें। फॉयल को तेल से चिकना करें।
4. अच्छी तरह पर्त चढ़ाए हुए चिकन के टुकड़ों को चिकनी ग्रिल पर रखें या चिकन के टुकड़े लोहे की सीक में डालें। 10 मिनट या पकने तक भूने और बीच में कम-से-कम एक बार तेल या पिघला मक्खन अच्छी तरह से लगाएँ। 5 मिनट आगे और भूनें।
5. चाट मसाला छिड़कें और पुदीना चटनी के साथ गर्म परोसें।

नोट : -

- *ग्रिलिंग या रोस्टिंग मध्यम और एक सी आँच पर करना चाहिए नहीं तो मीट का प्रोटिन सख्त हो जाता है जिससे कबाब सिकुड़ कर सख़्त हो जाते हैं। हमेशा वायर रैक या ग्रिल को तेल से अच्छी तरह चिकना करें इस तरह से कबाब को ग्रिल पर चिपकने से बचाया जा सकता है।*
- *वायर रैक के नीचे रखी ट्रे या लोहे की सीक को अल्यूमीनियम फॉयल से ढकें जिस पर टिक्कों से टपकते पानी से ट्रे गंदी न हो।*

रसेदार व्यंजन

गोवान फिश करी

व्यक्ति 4

400 ग्राम कोई भी सख्त
फिश - 2" के टुकड़े काटें
4 बड़े च. तेल
2-3 हरी मिर्च - बीज निकालें, स्लाइस काटें।
1 छोटा च. लाल मिर्च पाउडर
½ छोटा च. गर्म मसाला
1 छोटा च. नमक
2 कप गाढ़ा नारियल का दूध
2 बड़ी च. इमली का गूदा, (ऐच्छिक)
1 कप पानी

पेस्ट

1 मध्यम प्याज़
2" टुकड़ा अदरक
8-10 कली लहसुन

तड़का

2 बड़े च. तेल, 1 छोटा च सरसों
8-10 करी पत्ते, 3 साबुत सूखी लाल मिर्च

1. प्याज़, अदरक, लहसुन को मिक्सी में पीस कर पेस्ट बनाएँ।
2. कढ़ाई में तेल गर्म करें। प्याज़ के पेस्ट को मिक्सी में पीस कर डालें और हरी मिर्च डालें। प्याज़ के भूरा होने तक पकाएँ।
3. लाल मिर्च पाउडर, धनिया पाउर, गर्म-मसाला और नमक डालें। मिलाएँ। मध्यम आँच पर पकाएँ जब तक तेल अलग होने लगे। अगर मसाला पैन में चिपकने लगे तो थोड़ा सा पानी छिड़क लें।
4. इमली का गूदा, नारियल का दूध और 1 कप पानी डालें। एक उबाल आने दें। फिश डालें और धीमी आँच पर 10-12 मिनट पकाएँ। जब तक फिश पक जाए। आँच से उतारें।
5. तडके के लिए, फ्राईंग पैन में तेल गर्म करें और सारी सामग्री डालें जब बीज तड़कने लगे तो गर्म फिश पर डालें। गर्म परोसें।

गोवान चिकन शाकुटी

गोवा के खाने के शौकीन लोगों की पसंदीदा शाकुटी गोवा में अधिकतर रेस्टोरेन्ट में मिलता है इन स्पष्ट निर्देशों से इसे घर में बनाना सीखें।

व्यक्ति 6

800 ग्राम चिकन - 12 टुकड़ों में काटें
4 बड़े च तेल
2 मध्यम आकार के प्याज़ – बारीक काटें
नमक स्वादानुसार
1 बड़ा च. इमली का गूदा
¼ छोटा च. जायफल – कदुकस किया हुआ

सूखे भुने मसाले का पेस्ट

4-6 कली लहसुन
1 कप कदुकस किया हुआ नारियल
2" टुकड़ा दालचीनी, 6 लौंग
4 सूखी लाल मिर्च, ½ छोटा च. हल्दी
2 बड़ा च. खस-खस
1 छोटा च. अजवाइन
½ छोटा च. जीरा
10 साबुत काली मिर्च
1 छोटा च. सौंफ, 4 चकरी फूल
1½ बड़ा च. साबुत धनिया

1. पैन में नारियल, लहसुन, दालचीनी, लौंग साबुत लाल मिर्च, हल्दी पाउडर खस-खस, जीरा, काली मिर्च, सौंफ, चकरी फूल को 1-2 मिनट सूखा भूनें। निकालें। ठंडा करें। ¾ कप पानी डालें, पीस कर पेस्ट बनाएँ।
2. कढ़ाई में तेल गर्म करें, प्याज़ डालें और भूरा होने तक पकाएँ।
3. तैयार मसाला पेस्ट डालें और 2 मिनट पकाएँ।
4. चिकन के टुकड़े डालें और 7-8 मिनट भूनें।
5. 2 कप पानी और नमक डालें। 1 उबाल लाएँ। आँच धीमी करें और ढक कर 5 मिनट पकाएँ।
6. इमली का गूदा, कदुकस किया हुआ जायफल डालें और अच्छी तरह मिलाएँ। 1 मिनट पकाएँ।
7. पके हुए चावल के साथ परोसें।

दम की अरबी

खस-खस से गाढ़ी की गई और धीमे-धीमे प्यार से पकाई गई इस अद्‌भुत करी में अरबी को खास रंगत मिल जाती है।

व्यक्ति 4

400 ग्राम अरबी
2 बड़े च. खस-खस
3 प्याज़
1" टुकड़ा अदरक
12 कली लहसुन
1 छोटा च. धनिया पाउडर
½ छोटा च. लाल मिर्च पाउडर
1 छोटा च. जीरा
½ छोटा च. गर्म मसाला पाउडर
1 छोटा च. नमक या स्वादानुसार
½ छोटा च. हल्दी
4-6 छोटी इलायची
2 कप दही
एक चुटकी जायफल - कदुकस किया हुआ
तलने के लिए तेल
सजाने के लिए हरा धनिया

1. खस-खस को ¼ कप पानी में भिगोएं। अलग रखें।
2. अरबी को छील कर 1" के टुकड़े काटें। गर्म तेल में सुनहरा भूरा होने तक डीप फ्राई करें।
3. प्याज़ छीलें और 4 टुकड़ों में काटें और 2 कप पानी के साथ पतीले में डालें। प्याज को 3-4 मिनट तक उबालों जब तक नरम हो जाए। पानी निकालें। ठंडा करें।
4. प्याज़, भीगा हुआ खस-खस, अदरक, लहसुन, हरा धनिया, लाल मिर्च पाउडर, जीरा, गर्म मसाला, नमक और हल्दी-को मिक्सी में पीस कर पेस्ट बनाएँ।
5. 2 बड़े च. तेल को पैन में गरम करें। छोटी इलायची डालें और 1 मिनट हिलाएँ।
6. तैयार पेस्ट डालें। सुनहरा भूरा होने तक भूनें।
7. दही में ½ कप पानी मिलाएँ। लगातार हिलाते हुए दही मिलाएँ। एक उबाल लाएँ।
8. अरबी और कदुकस किया हुआ जायफल डालें।
9. पैन को एक टाइट ढक्कन या फॉयल से ढकें और 15 मिनट धीमी आँच पर पकाएँ। 'अल्युमिनियम फॉयल या ढक्कन को गेहूँ के आटें से सील करें जिससे पैन के अन्दर की सुगन्ध निकले नहीं।
10. हरे धनिए से सजा कर परोसें।

लखनवी कोफ्ते

आलू और पालक के कोफ्तों को बादाम, मगज और खसखस की नाजुक ग्रेवी में
धीमी आँच पर पकाया गया - स्वाद और सुगन्ध का अदभुत करिश्मा!

व्यक्ति 4

कोफ्ते

2 आलू - उबाल कर मैश करें
¼ कप कटा हुआ हरा धनिया
¼ कप कॉर्नफ्लॉर
½ कप कटा हुआ पालक
2 बड़े च. कसूरी मेथी
½ छोटा च. गर्म मसाला
1 बड़ा च. नींबू का रस
1 छोटा च. नमक या स्वादानुसार
तलने के लिए तेल

मसाला पेस्ट

12 बादाम
4 बडे च. मग़ज
6 हरी मिर्च
4 बड़े च. खस-खस
1 प्याज़
½" टुकड़ा आदरक
3-4 कली लहसुन

अन्य सामग्री

3 बड़े च. तेल
2 प्याज़ - बारीक काटें
1 कप दही
½ कप दूध
¼ कप क्रीम
½ छोटा च. हल्दी
½ कप पानी, 1 छोटा च. चीनी
1 छोटा च नमक

1. कोफ्ते की सारी सामग्री को एक साथ बाउल में डालें। 1½" लंबे रोल बनाएँ और एक बार में 1-2 कोफ्ते गर्म तेल में डीप फ्राई करें। अलग रखें।
2. मसाला पेस्ट के लिए सभी सामग्री को मिक्सी में पीस कर पेस्ट बनाए।
3. ग्रेवी के लिए 3 बड़े च. तेल गर्म करें और काटें हुए प्याज़ डालें। सुनहरा भूरा होने तक हिलाते रहें।
4. पिसा हुआ मसाला पेस्ट डालें और 2-3 मिनट तक फ्राई करें।
5. आँच कम करें, लगातार हिलाते हुए दही, दूध, क्रीम, हल्दी, चीनी और नमक डालें। आँच तेज़ करें और लगातार हिलाते हुए उबाल लाएँ।
6. ½ कप पानी डालें और 1 मिनट और पकाएँ। आँच से उतारें और परोसने के समय तक अलग रखें।
7. परोसने के समय ग्रेवी को गर्म करें और कोफ्ते डालें और 1 मिनट धीमी आँच पर गर्म करें जब तक कोफ्ते गर्म हो जाए। गर्म परोसें।

राजस्थानी गट्टे की सब्ज़ी

बेसन के आटे से स्टीम गट्टे बनाए जाते हैं। करी बनती है दही, बेसन और प्यूरी किए हुए टमाटरों से चटपटा, तीखा-तीखा और रंग बिरंगा, ठीक अपने जन्म स्थान की तरह।

व्यक्ति 4-5

गट्टे

¾ कप बेसन
¼ छोटा च. मीठा सोडा
½ छोटा च अदरक - हरी मिर्च का पेस्ट
¼ छोटा च. अजवाइन
¼ छोटा च. सौंफ - कुटा हुआ
½ छोटा च. नमक
½ छोटा च. हल्दी
½ छोटा च. लाल मिर्च पाउडर
½ छोटा च. धनिया पाउडर
½ छोटा च. गर्म मसाला
2 बड़े च. दही, 1 बड़ा च. तेल

करी

2 बड़े च. तेल, 2 लौंग
1 मोटी इलायची - कुटी हुई
¼ छोटा च. हल्दी
½ छोटा च. लाल मिर्च पाउडर
2 टमाटर - मिक्सी में प्यूरी करें और छानें
½ छोटा लहसुन पेस्ट, 1 हरी मिर्च
1 कप दही में 2 छोटे च. बेसन और 1 कप पानी मिलाकर अच्छी तरह फेंटे

1. बेसन और सोडे को छानें। अदरक-मिर्च का पेस्ट, अजवाइन, सौंफ, पिसे हुए मसाले और इतना दही डालें जिससे नरम आटा तैयार हो जाए। अच्छी तरह मिलाएँ। 1 बड़ा च. तेल डालें और दोबारा गूँदें। 4 गोले बनाएँ। तेल को हथेली पर लगाएँ और उन गोलों को हथेली पर बेल कर 3"-4" के लंबे रोल बनाएँ।
2. 5 कप पानी उबालें। गट्टे को स्टेनलेस स्टील की गोल छन्नी में रखें और छन्नी को उबलते पानी पर रखें और ढक्कन से ढकें।
3. गट्टे को 5-7 मिनट भाप दिलाएँ। ठंडा होने दें। बाद में इनके ½" मोटाई के गोले काटें। अलग रखें।
4. करी के लिए दही में बेसन और 1 कप पानी डालकर मिक्सी में अच्छी तरह फेटें। टमाटरों को प्यूरी करें और छान लें।
5. 2 बड़े च. तेल गर्म करें। लौंग, जीरा, मोटी इलायची, हल्दी और लाल मिर्च पाउडर डालें। हिलाएँ।
6. टमाटर की प्यूरी, अदरक और कुटी हुई मिर्च डालें। 3 मिनट पकाएँ जब तक सूख जाए और तेल अलग होने लगे।
7. आँच कम करें। दही और बेसन डालकर लगातार चलाएँ। धीमी आँच पर, एक उबाल लाएं। 3-4 मिनट धीमी आँच पर पकाएँ।
8. गट्टे डालें। 2-3 मिनट पकाएँ। हरे धनिए से सजा कर परोसें।

रोगन जोश

कश्मीरी भोजन की सर्वश्रेष्ठ प्रस्तुतिः इसकी ग्रेवी पतली और नाजुक सी होती है,
जिसमें पारंपरिक स्वाद आता है सौंफ और सोंठ के इस्तेमाल से।

व्यक्ति 4

½ किलो मटन
½ कप गाढ़ी दही
¼ छोटा च. हींग पाउडर
6 बड़े च. तेल
½ छोटा च. देगी मिर्च नमक स्वादानुसार

एक साथ पीसें और छानकर बारीक पाउडर बनाएँ

1 बड़ा च. सौंठ
2 छोटी च. सौंफ, 3-4 लौंग
3 मोटी इलायची के बीज
2 छोटे च. जीरा, 3-4 सूखी, लाल मिर्च

1. मटन को धोएँ और साफ तौलिए पर पोंछकर सुखा लें।
2. प्रेशर कुकर में तेल गर्म करें। हींग डालें।
3. सूखा मीट डालें और 4-5 मिनट हिलाएँ जब तक मटन सूख कर सुनहरा भूरा हो जाए और अच्छा भुना हुआ दिखे। मीट में ज़रा भी पानी नहीं बचना चाहिए।
4. देगी मिर्च डालें। अच्छी तरह मिलाएँ।
5. दही में छने हुए पिसे मसाले डालें।
6. इस दही को मटन में मिलाएँ। नमक मिलाएँ। 5-7 मिनिट भूनें। जब तक दही अच्छी तरह मिल जाए और सूख जाए।
7. 2 कप पानी डालें, 7 मिनट प्रेशर कुकर में पूरी आँच पर पकाएँ। आँच कम करें और 5 मिनट पकाएँ। आँच से उतारें और प्रेशर को अपने आप कम होने दें। चेक करें कि मटन मुलायम हो गया है।
8. चावल या रोटी के साथ गर्म परोसें।

महाराष्ट्रियन तुअर दाल

मीठे और खट्टेपन (गुड़ और नींबू) लिए इस दाल को महाराष्ट्रियन भोजन का खास अंदाज मिलता है।

व्यक्ति 2-3

½ कप तूअर (अरहर) दाल
¾ छोटा च. नमक, या स्वादनुसार
½ छोटा च. हल्दी, 1 बड़ा च. गुड़
1 बड़ा च. नींबू का रस या स्वादानुसार

तड़का

2 बड़े च. घी, एक चुटकी हींग
½ छोटा च. राई,
कुछ करी पत्ते

1. तूअर दाल को धोकर साफ करें। दाल को 1½ कप पानी डाल कर आधे घंटे भिगोएँ। पानी छान लें।
2. प्रेशर कुकर में दाल, 2 कप पानी, नमक और हल्दी डाल कर तेज़ आँच पर पकाएँ जब तक पहली सीटी आ जाए और फिर धीमी आँच पर 5 मिनट पकाएँ। आँच से उतारें।
3. प्रेशर खत्म होने पर, गुड़ और ½ कप पानी डालें। अच्छी तरह मिलाएँ। 2-3 मिनट धीमी आँच पर पकाएँ। आँच से उतारें। दाल गाढ़ी होनी चाहिए।
4. तड़के के लिए, घी गर्म करें, हींग और राई डालें। तड़कने दे और करी पत्ते डालें और इसे फौरन दाल में डालें। उस पर नींबू का रस छिड़कें। स्वाद चखें। चावल के साथ परोसें।

केरला चिकन स्ट्यू

केरला के व्यंजनों में झलकता है वहाँ का सौन्दर्य। हड्डी रहित इस स्ट्यू में है मिठास युक्त स्वादिष्ट नारियल की ग्रेवी जिसमें है, ताज़ी रंगबिरंगी सब्जियाँ।

व्यक्ति 6

250 ग्राम हड्डी रहित चिकन - 2" के चौकोर टुकड़े काटें
2 कप कोई भी मिलीजुली सब्ज़ियाँ - (मशरूम, मक्के के दाने, स्नो पी फ्रान्स बीन, गोभी, गाजर, आलू और प्याज)
4 छोटे च. तेल
6-8 छोटी इलायची के बीज
2½" टुकड़ा दालचीनी का, 6-8 लौंग
1 हरी मिर्च - बीज निकाल कर दो टुकड़े काटें
1" टुकड़ा अदरक - पतलें स्लाइस काटें
10-12 करी पत्ते
2 कप नारियल दूध
1 छोटा च. नमक
1 छोटा च. साबुत काली मिर्च दरदरा - कूट लें

1. पैन में तेल गर्म करें, छोटी इलायची के बीज, दालचीनी और लौंग डालें। एक मिनट रूकें। हरा धनिया, अदरक और करी पत्ता डालें। 2 मिनट भूनें।
2. आलू, गाजर और प्याज डालें। ढकें और 4 मिनट और पकाएँ।
3. बची हुई सब्ज़ियाँ डालें, फिर चिकन डालें और 4-5 मिनट चलाते हुए पकाएँ।
4. आँच कम करें, नारियल का दूध और 1½ कप पानी डालें। 8-10 मिनट धीमी आँच पर पकाएँ जब तक चिकन पक जाए और ग्रेवी गाढ़ी हो जाए।
5. आँच से उतारें। नमक डालें और अच्छी तरह हिलाएँ।
6. काली मिर्च छिड़कें और अप्पम या उबले हुए चावल के साथ परोसें।

सुझावः

1. *नारियल के दूध को हमेशा बहुत धीमी आँच पर बिना ढके पकाएँ जिससे दूध फटेगा नहीं।*
2. *नारियल के दूध में नमक सबसे आख़िर में डालें जब वह उबल चुके जिससे वह फटे नहीं।*

पनीर मक्खनी

उत्कृष्ट माखनी ग्रेवी को प्यूरी किए हुए टमाटरों, मक्खन, दूध, क्रीम और पिसे काजू डालकर बनाई गई - पाँच सितारा जलसे के लिए उत्तम पनीर की डिश।

व्यक्ति 4

250 ग्राम पनीर - 1" के लंबे टुकड़े काटें
¼ कप काजू
5 बड़े (500 ग्राम) टमाटर, हरेक को 4 टुकड़ों में काटें
2 बड़े च. देशी घी या मक्खन और 2 बड़े च. तेल
4-5 कली लहसुन और 1" टुकड़ा अदरक - पीस कर पेस्ट बनाएँ (1½ छोटा च. अदरक - लहसुन का पेस्ट)
1 बड़ा च. कसूरी मेथी
1 छोटा च. टॅमाटो सॉस
½ छोटा च. जीरा
2 छोटे च. धनिया पाउडर
½ छोटा च. गर्म मसाला
1 छोटा च. नमक या स्वादानुसार
½ छोटा च. लाल मिर्च पाउडर, देगी मिर्च अच्छी रहेगी
½ कप पानी, 1½ कप दूध, लगभग
½ कप क्रीम (ऐच्छिक)

1. काजू को हल्के गर्म पानी में 10-15 मिनट भिगो दें।
2. काजू से पानी छान लें। मिक्सी में लगभग 2 बड़े च. पानी डालकर काजू का बारीक पेस्ट बनाएँ।
3. ½ कप पानी में टमाटर उबालें। धीमी आँच पर 7-8 मिनट पाकाएँ जब तक टमाटर नरम हो जाए। आँच से उतारें और ठंडा करें। टमाटरों को पानी के साथ पीसें।
4. तेल और घी या मक्खन को कढ़ाई में गर्म करें। आँच कम करें। जीरा डालें। जब वह सुनहरा हो जाए, अदरक-लहसुन का पेस्ट डालें।
5. जब पेस्ट रंग बदलने लगे टमाटर की प्यूरी डालें। पकाएँ जब तक सूख जाए।
6. कसूरी मेथी और टॅमाटो सॉस डालें।
7. मसाले डालें - धनिया पाउडर, गर्म मसाला, नमक और लाल मिर्च पाउडर। कुछ सेकेन्ड तक अच्छी तरह मिलाएँ। तेल के अलग होने तक पकाएँ।
8. काजू का पेस्ट डालें। 2 मिनट अच्छी तरह मिलाएँ।
9. पानी डालें। उबालें। धीमी आँच पर 4-5 मिनट पकाएँ। आँच कम करें।
10. पनीर के टुकड़े डालें। आँच से उतारें। ठंडा होने के लिए लगभग 5 मिनट अलग रखें।
11. ठंडे पनीर के मसाले में इतना दूध डालें कि गाढ़ी करी मिले, हल्के से मिलाएँ। (याद रखें कि दूध तभी मिलाएँ जब मसाला बिल्कुल गर्म नहीं हो। जिससे दूध फटेगा नहीं, दूध डालने के बाद करी को धीमी आँच पर गर्म करें)।
12. धीमी आँच पर, लगातार हिलाते हुए गर्म करें जब तक उबाल आने को हो।
13. क्रीम डालें, आँच कम रखें और लगातार चलाते रहें। आँच से फौरन उतारें और परोसने वाली डिश में डालें। गर्म परोसें।

वेरियेशन/दूसरा तरीका:
दक्षिणी तड़के के लिए 1 बड़ा च. तेल गर्म करें। ½ छोटा च. राई डालें। 30 सेकेन्ड के बाद 4-5 करी पत्ते डालें। हिलाएँ। आँच से उतारें। एक चुटकी लाल मिर्च पाउडर डालें और डिश में रखी पनीर माखनी के ऊपर डालें।

झटपट बटर चिकन

मैरिनेट किए हुए चिकन को नरम होने तक पकाया जाता है, फिर प्यूरी किए टमाटर, मक्खन, क्रीम और काजू की ग्रेवी में धीमी आँच पर पकाया जाता है। देगी मिर्च इसे चटकीला लाल रंग देती है जिससे इसका लुभावनापन और भी बढ़ जाता है।

व्यक्ति 4

1 मध्यम आकार का चिकन (800 ग्राम)
-12 टुकड़ों में कटा हुआ, 6 बड़े च. तेल

मैरिनेड

1 बड़ा च. लहसुन का पेस्ट या
8-10 कली लहसुन - पीस कर पेस्ट बनाएँ।
1 बड़ा च. कसूरी मेथी
½ छोटा च. काला नमक, ¾ छोटा च. नमक
1 छोटा च. गर्म मसाला
नारंगी रंग की कुछ बूँदे

माखनी ग्रेवी

½ किलो (6-7) टमाटर या 2 कप रेडीमेड टमाटर प्यूरी
2 बड़े च. मक्खन
2-3 बड़े च. तेल, 1 तेज़ पत्ता
2 बड़े च. अदरक-लहसुन का पेस्ट या 1" टुकड़ा अदरक और 16-18 कली लहसुन - पीस कर पेस्ट बनाएँ।
4 बड़े च. काजू
¾ छोटा च. काश्मीरी लाल मिर्च या देगी मिर्च
1 कप दूध, 2 बड़े च. क्रीम
½ छोटा च. गर्म मसाला, 1 छोटा नमक या स्वादानुसार
1 छोटा च. तंदूरी मसाला (ऐच्छिक)
¼ छोटा च. चीनी या स्वादानुसार

1. काजू को 15 मिनट गर्म पानी में भिगोकर रखें। पानी निकाले और थोड़ा सा पानी डालकर मिक्सी में पीस कर बारीक पेस्ट बनाएँ।
2. चिकन को अच्छी तरह धोएँ। एक किचन के साफ तौलिए पर पोंछ कर सुखाएँ।
3. मैरिनेड के लिए, लहसुन व अदरक का पेस्ट, कसूरी मेथी, काला नमक, नमक, गर्म मसाला, और रंग डालें। 15 मिनट के लिए फ्रिज में रख दें।
4. कढ़ाई में 6 बड़े च. तेल गर्म करें। मैरिनेट किया हुआ चिकन डालें। तेज़ आँच पर 7-8 मिनट पकाएँ, लगातार हिलाते रहें। आँच कम करें ढक कर 10-15 मिनट पकाएँ जब तक नरम हो जाए। आँच से उतारें। अलग रखें।
5. माखनी ग्रेवी तैयार करने के लिए पैन में पानी उबालें। उबलते पानी में टमाटर डालें। 3-4 मिनट उबालें। पानी से निकालें। छीलें। ठंडा होने दें। टमाटरों को पीस कर प्यूरी करें। अलग रखें।
6. कढ़ाई में मक्खन और तेल एक साथ गर्म करें। तेज़ पत्ता डालें कुछ सेकेन्ड हिलाएँ। अदरक और लहसुन का पेस्ट डालें, पकाएँ जब तक पानी सूख जाए और पेस्ट रंग बदलने लगे।
7. प्यूरी किए हुए टमाटर, देगी मिर्च और चीनी डालें। पकाएँ जब तक प्यूरी बिल्कुल सूख जाए और तेल ऊपर तैरने लगे।
8. तैयार काजू का पेस्ट डालें। मध्यम आँच पर कुछ सेकेन्ड हिलाते रहें जब तक चिकनाई अलग होने लगे। आँच कम करें। लगभग 1 कप पानी डालें जिससे मनचाही ग्रेवी मिले। नमक डालें। लगातार हिलाते हुए एक उबाल लाएँ।

9. पका हुआ चिकन डालें। ढक कर 5-7 मिनट पकाएँ जब तक ग्रेवी का रंग चटकीला सा हो जाए। आँच कम करें। बहुत धीमी आँच पर दूध- डालें और लगातार हिलाते हुए एक उबाल लाएँ। धीमी आँच पर 1-2 मिनट हिलाते रहें जब तक आपको ग्रेवी का मनचाहा गाढ़ापन मिले।

10. आँच से उतारें और लगातार हिलाते हुए क्रीम मिलाएँ। गर्म मसाला और तंदूरी मसाला डालें। हिलाएँ। 1 बड़ा च. ताज़ी क्रीम, हरी मिर्च और हरा धनिया से सजाए। नान के साथ गर्म परोसें।

टमाटर को ब्लांच करने के लिए सुझावः

टमाटर का छिलका आसानी से उतारने के लिए उन पर एक छोटा "X" के आकार का कट नीचे की तरफ लगाएँ। एक बाउल में रखें और ऊपर से उबलता पानी डालते हुए पूरा ढक दें। 3 मिनट ऐसे रखकर ठंडे पानी में डाल दें। छिलका आसानी से निकल जाएगा। आप "X" कट लगे टमाटरों को माइक्रोप्रूफ बाउल में बिना पानी डाले रख सकते हैं। 3 टमाटरों को माइक्रोवेव करने में 2½ मिनट लगते हैं।

सिंधी करी

बेसन से गाढ़ी की हुई चटपटे टमाटरों की मसालेदार ग्रेवी में डूबती - तैरती मिली जुली सब्ज़ियाँ!

व्यक्ति 4

500 ग्राम टमाटर
3 बड़े च. तेल
1½ छोटा च. राई
1 छोटा च. जीरा, ½ कप बेसन
1 आलू - काट लें, 8 हरी मिर्च
1 लंबा, पतला बैंगन - काटें
10-12 भिंडी - 2 टुकड़ों में कटी और तेल में तली हुई
½ छोटा च. हल्दी
2 छोटे च. लाल मिर्च पाउडर
6 कोकम या नींबू के आकार की इमली -
½ कप पानी में भिगों दें।
2 बड़े च. बारीक कटा हुआ हरा धनिया
1½ छोटा च. नमक, या स्वादानुसार

1. टमाटरों को 4 कप पानी के साथ 3-4 मिनट उबालें। छील कर मिक्सी में प्यूरी करें। अलग रखें।
2. पतीले में 3 बड़े च. तेल गर्म करें। सरसों और जीरा डालें। बेसन डालें और मध्यम आँच पर 4-5 मिनट भूनें। जब तक सुनहरा भूरा हो जाए। आँच से उतारें। टमाटर और 4 कप पानी डालें।
3. अच्छी तरह मिलाएँ। दोबारा गर्म करें। जब वह उबलने लगे तो सारी सब्ज़ियाँ, भिंडी को छोड़कर, डालें।
4. हल्दी, लाल मिर्च और 2 कप पानी डालें। 10 मिनट धीमी आँच पर पकाएँ। कोकम या इमली का गूदा डालें और 5 मिनट उबालें। नमक, तली हुई भिंडी और हरा धनिया डालें।

सूखे व्यंजन

तवा झींगा मसाला

व्यक्ति 4

½ किलो प्रान - मध्यम आकार के
3 बड़े च. घी
1 छोटा च. अजवाइन
1 बड़ा प्याज़ - काटें (¾ कप)
2 हरी मिर्च - चीरे, बीज निकालें और काटें
½ बड़ा च. कटा हुआ अदरक
½ छोटा च. लाल मिर्च पाउडर
¼ कप कटा हुआ हरा धनिया
¾ कप टमाटर की प्यूरी (रेडीमेड)
नमक स्वादानुसार
¼ कप क्रीम
1 बड़ा च. नींबू का रस
½ छोटा च. गर्म मसाला

1. प्रान को छील कर नसें निकालें। धोएँ और साफ तौलिए पर पोंछ कर सुखाएँ।
2. बड़े तवे पर या पैन में घी गर्म करें। प्रान डालें और मध्यम आँच पर 2-3 मिनट भूनें, जब तक प्रान रंग बदलने लगे। तवे से उतारें।
3. उसी तवे के घी में अजवाइन डालें, जब वह तड़कने लगे, प्याज़, हरी मिर्च और अदरक डालें, 3 मिनट भूनें।
4. टमॉटो प्यूरी डालें और पकाएँ जब तक तेल अलग होने लगे।
5. लाल मिर्च और धनिया डालें, ½ मिनट पकाएँ।
6. प्रान डालें। हिलाएँ
7. क्रीम डालें लगातार हिलाते रहें। आँच से उतारें। नींबू का रस गर्म मसाला छिड़के, हिलाएँ। मसाले को टेस्ट करें।
8. डिश में निकालें और अपनी पसंद की किसी भी भारतीय रोटी के साथ परोसें।

अचारी पनीर

अचार के मसाले एक विशिष्ट व्यक्तित्व प्रदान करते हैं-बाकि के फ्लेवर उसको सामंजस्यपूर्ण संतुलन प्रदान करते हैं-आपको अपनी इस प्रस्तुति पर गर्व होगा।

व्यक्ति 6

300 ग्राम पनीर - 1½" के टुकड़े काटें
2 शिमला मिर्च - 1" के टुकड़े काटें
¾" टुकड़ा अदरक और 5-6 कली लहसुन - पीस कर पेस्ट बनाएँ (2 छोटे च.)
1 कप दही - मिक्सी में अच्छी तरह फैंट लें
4 बड़े च. तेल
3 प्याज़ - बारीक काटें
4 हरी मिर्च - काटें
½ छोटा च. हल्दी पाउडर
1 छोटा च. अमचूर या नींबू का रस स्वादानुसार
¾ छोटा च. गर्म मसाला
1 छोटा च. नमक या स्वादानुसार
2-3 हरी मिर्च - लंबाई में 4 टुकड़े काटें
¼ कप दूध
2-3 बड़े च. क्रीम, ऐच्छिक

अचारी मसाला

2 छोटे च. सौंफ
1 छोटा च. राई
1 चुटकी मेथीदाना
½ छोटा च. कलौंजी
1 छोटा च. जीरा

1. पनीर के 1½" के टुकड़े काटें।
2. ½ छोटा च. हल्दी, 1 चुटकी नमक और ½ छोटा च. लाल मिर्च पाउडर पनीर और शिमल। मिर्च के टुकड़ों पर डालें। अच्छी तरह मिलाएँ। 10 मिनट अलग रखें।
3. अचारी मसाले की सारी सामग्री एकत्र करें - सौंफ, राई, मेथीदाना, कलौंजी और जीरा।
4. अदरक और लहसुन को पीस कर पेस्ट बनाएँ।
5. 4 बड़े च. तेल गर्म करें। इक्ट्ठा किए हुए अचार के मसाले को गर्म तेल में डालें। 1 मिनट तड़कने दें या जब तक जीरा सुनहरा हो जाए।
6. प्याज़ और कटी हुई हरी मिर्च डालें। प्याज़ के सुनहरा होने तक पकाएँ।
7. हल्दी और अदरक लहसुन का पेस्ट डालें। अच्छी तरह मिलाएँ।
8. आँच कम करें। 2 बड़े च. पानी और 1 चुटकी हल्दी डाल कर दही को अच्छी तरह फेंटे। धीरे - धीरे डालें और लगातार हिलातें रहें। अमचूर, गर्म मसाला और नमक डालें। 2-3 मिनट धीमी आँच पर पकाएँ जब तक दही थोडा सूख जाए। ज़्यादा नहीं सूखने दें) आँच से उतारें और ठंडा होने दें।
9. परोसने के समय, दूध और चिरी हुई हरी मिर्च डालें। शिमला मिर्च डालें। धीमी आँच पर, लगातार हिलाते हुए 1 मिनट उबालें। धीमी आँच पर 2-3 मिनट पकाएँ।
10. क्रीम और पनीर डालें और 1-2 मिनट धीमी आँच पर पकाएँ। परोसें।

गोभी फ्राई

स्वादिष्ट मसाले में बने गोभी के फूल - हर मौके की, हर दिल अज़ीज!

व्यक्ति 4

1 मध्यम फूलगोभी (500 ग्राम) - मध्यम साईज़ के डंठल समेत टुकड़े काटें)

मसाला

4 बड़े च. तेल, 3 प्याज़ - काटें
1 मोटी इलायची के बीज
3-4 साबुत काली मिर्च, 2 लौंग
3 टमाटर - दरदरा काटें
1" टुकड़ा अदरक - काटें
2 बड़े च. दही - अच्छी तरह फेंटे
½ छोटा च. लाल मिर्च पाउडर
½ छोटा च. गर्म मसाला
½ छोटा च. हल्दी, ½ छोटा च. अमचूर
1 छोटा च. नमक, या स्वादानुसार

1. डंठल समेत मध्यम साईज़ के फूल काटें धोएँ और साफ कपड़े पर पोंछ कर सुखाएँ।
2. कढ़ाई में डीप फ्राई करने के लिए तेल गर्म करें। सारे गोभी के टुकड़े डालें और हल्का भूरा होने तक तलें। तेल से निकालें और अलग रखें।
3. साफ कढ़ाई में 4 बड़े च. तेल गर्म करें। मोटी इलायची, साबुत काली मिर्च और लौंग डालें। 1 मिनट के बाद कटा हुआ प्याज़ डालें। प्याज़ के सुनहरा भूरा होने तक पकाएँ।
4. कटे हुए टमाटर और अदरक डालें। 4-5 मिनट पकाएँ जब तक नरम हो जाए और मसाला थोड़ा सूख जाए।
5. अच्छी तरह फेंटी हुइ दही डालें। मसाला जब तक दोबारा लाल हो जाए, पकाएँ।
6. आँच कम करें। लाल मिर्च पाउडर, गर्म मसाला, हल्दी, अमचूर और नमक डालें। 1 मिनट पकाएँ (½ कप पानी डालें जिससे गाढ़ा मसाला मिले। उबालें। धीमी आँच पर 1 मिनट पकाएँ। अलग रखें।
7. परोसते समय मसालें को गर्म करें। मसाले में तलें हुए गोभी के टुकड़े डालें और धीमी आँच पर 2 मिनट अच्छी तरह मिलाएँ। जब तक गोभी और मसाला अच्छी तरह मिल जाए। गर्म परोसें।

सब्जियाँ काली मिर्च

साबुत काली मिर्च और ताज़ी कुटी काली मिर्च इस रंगबिरंगी सब्ज़ियों और पनीर की संगत को एक नई रंगत देते हैं - क्रीम एक अद्‌भुत विरोधाभास प्रस्तुत करती है।

व्यक्ति 5-6

3-4 बड़े च. मक्खन
¼ छोटा च. साबुत काली मिर्च
2 बड़े च. कदुकस किया हुआ अदरक
1 प्याज़ - स्लाइस काटें, 1 छोटा च. नमक, या स्वादानुसार
1 छोटा च. ताज़ी कुटी काली मिर्च (थोड़ी सी काली मिर्च कूटें या मिक्सी या चकला बेलन पर पीसें)
2-3 बड़े च. गाढ़ी मलाई

सब्ज़ियाँ

100 ग्राम पनीर - 4 टुकड़ों में काटें फिर पतलें, लंबे टुकड़े काटें।
1 लंबा सख्त टमाटर, 1 छोटी शिमला मिर्च
5-6 फ्रान्स बीन, 1 गाजर, 1 आलू
1 बड़ा च. नींबू का रस (स्वादानुसार)

1. टमाटर के 4 टुकड़े काटें और उनके फिर पतले, लंबे टुकड़े काटें।
2. शिमला मिर्च के लंबे पतलें फिंगर काटें।
3. फ्रांस बीन के ¼" टुकड़े काटें (लगभग ½ कप) 1 आलू के 1" के टुकड़े काटें। गाजर के गोल स्लाइस काटें।
4. ¾ छोटा च. नमक और ½ छोटा च. चीनी डाल कर 2 कप पानी उबालें। पानी उबलने के बाद गाजर और बीन डालें। सिर्फ 1-2 मिनट उबालें जब तक करारे - मुलायम हो जाए। ठंडे पानी में ताज़ा करें। पानी निकालें। अलग रखें।
5. आलू को मध्यम आँच पर डीप फ्राई करें जब तक आलू का सुनहरा भूरा रंग आ जाए, चेक करें कि तलने पर वह पक गए हैं।
6. मध्यम आँच पर मक्खन गर्म करें। (अगर आँच तेज़ होगी तो मक्खन जल जाएगा) साबुत काली मिर्च डालें और एक मिनट रूकें। कदुकस किया हुआ अदरक डालें। मध्यम आँच पर पकाएँ जब तक हल्के भूरे हो जाए। प्याज़ डालें। सुनहरा होने तक हिलाएँ।
7. बीन, गाजर, नमक और काली मिर्च डालें। 2 मिनट फ्राई करें। आँच कम करें, टमाटर डालें, ढक कर 2 मिनट पकाएँ। शिमला मिर्च, पनीर, तलें हुए आलू और क्रीम डालें। मिलाएँ और आँच से उतारें। नींबू का रस स्वादानुसार डालें। काली मिर्च छिड़कें और परोसें।

कढ़ाई मुर्ग

टमाटर से बने कोटिंग सॉस को क्रीम से समृद्ध किया गया और मेथी और धनिया से जीवंत किया गया-चिकन को सॉस में लपेटें और भीड़ को लुभाएँ।

व्यक्ति 4-6

1 मध्यम (800 ग्राम) चिकन - 12 टुकड़े काटें
1 बड़ा च. साबुत धनिया
3 साबुत लाल मिर्च
6-7 बड़े च. तेल
½ छोटा च. मेथी दाना
3 बड़े प्याज़ - स्लाइस काटें
15-20 कली लहसुन - कूटें
1" टुकड़ा अदरक - पीस कर पेस्ट बनाएँ
4 बड़े टमाटर - काटें
½ कप रेडीमेट टमॉटो प्यूरी या ¾ कप घर की बनी प्यूरी
1 छोटा च. लाल मिर्च पाउडर
2 छोटे च. नमक, या स्वादानुसार
¼ छोटा च. अमचूर, ½ छोटा च. गर्म मसाला
½ कप कटा हुआ हरा धनिया
1 शिमला मिर्च - स्लाइस काटें
1" टुकड़ा अदरक - तीली काटें
1-2 हरी मिर्च - लंबे स्लाइस काटें

1. साबुत धनिया और साबुत लाल मिर्च को तवे पर रखें। आँच पर रखें और हल्के से भूनें जब तक रंग बदलना शुरू हो। उन्हें भूरा नहीं होने दें। आँच से उतारें।
2. साबुत धनिया को चकले बेलन से दरदरा पीस ले। लाल मिर्च को साबुत ही रखें। अलग रखें।
3. कढ़ाई में तेल गर्म करें। आँच कम करें। मेथी दाना और भुनी हुई साबुत लाल मिर्च डालें और कुछ सेकेन्ड के लिए हिलाएँ जब तक मेथी दाना सुनहरा हो जाए।
4. प्याज़ डालें और मध्यम आँच पर पकाएँ जब तक सुनहरा भूरा हो जाए।
5. लहसुन डालें और 1 मिनट हिलाएँ।
6. अदरक का पेस्ट डालें।
7. कुटा हुआ साबुत धनिया, लाल मिर्च पाउडर और धनिया पाउडर डालें।
8. चिकन डालें और तेज आँच पर 10 मिनट भूनें, लगातार हिलाते रहें। जिससे चिकन का अच्छा सा सुनहरा भूरा रंग हो जाए।
9. कटे हुए टमाटर डालें। 4-5 मिनट पकाएँ।
10. नमक अमचूर, और गर्म मसाला डालें ढक कर 15-20 मिनट पकाएँ जब तक नरम हो जाए, बीच बीच में हिलाएँ।
11. टमॉटो प्यूरी-कटा हुआ हरा धनिया डालें। 5 मिनट पकाएँ।
12. शिमला मिर्च, अदरक की तीली और हरी मिर्च की स्लाइस काटें। अच्छी तरह मिलाएँ।
13. आँच कम करें। क्रीम डालें। 2-3 मिनट अच्छी तरह मिलाएँ और आँच से उतारें। गर्म परोसें।

कीमा मटर

तुप्तिदायक, स्वादिष्ट और सबकी मनपसन्द लज़ीज डिश से कभी भी किसी का मन नहीं भर सकता।

व्यक्ति 2-3

5-6 बड़े च. तेल/घी
250 ग्राम कीमा
¾ कप छिली मटर या 1 छोटी शिमला मिर्च-कटी हुई
4-5 लौंग, 1" टुकड़ा दालचीनी
4-5 साबुत काली मिर्च
1 बड़ा प्याज़-काटें (1 कप)
5-6 कली लहसुन-बारीक काटें
1 बड़ा टमाटर-काटें (1 कप)
1 छोटा च. नमक
¾ छोटा च. लाल मिर्च पाउडर
¾ छोटा च. गर्म मसाला पाउडर
½ छोटा च. हल्दी पाउडर

1. कीमे को छननी में रखें। उपर से थोड़ा पानी डालकर धो लें। दबाकर सारा पानी निकालें।
2. तेल/घी को प्रेशर कुकर में गर्म करें। लौंग, दालचीनी और साबुत काली मिर्च डालें। 1 मिनट फ्राई करें।
3. कटा हुआ प्याज़, अदरक, और लहसुन डालें। प्याज़ को फ्राई करें जब तक अच्छा भूरा रंग आ जाए।
4. कीमा डालें। 4-5 मिनट के लिए चलाते रहें।
5. टमाटर और मसाले डालें और पकाएँ जब तक तेल छोड़ने लगे।
6. मटर और शिमला मिर्च डालें। अच्छी तरह मिलाएँ।
7. ¾ कप पानी डालें। प्रेशर कुकर बंद करें और 3 सीटी दिलवाएँ।
8. जब प्रेशर कम हो जाए तो कुकर खोलें। आँच पर कीमे को जितना आप चाहें सुखाएँ (कुछ लोगों को बिल्कुल सूखा और कुछ लोगों को थोड़ा गीला सा पसन्द है) कटे हुए टमाटर और हरे धनिया से सजाएँ। गर्म परोसें।

चावल और परांठे

मकई खिचड़ी

स्वाद और लुभावनेपन से भरपूर सरल और पौष्टिक स्वादिष्ट खिचड़ी में मक्के की मिठास का आनंद उठाएँ।

व्यक्ति 2

1¼ कप चावल
3 बड़े च. घी या मक्खन
एक चुटकी हींग
2" टुकड़ा अदरक - कटा हुआ
2-3 हरी मिर्च - बीज निकाल कर - बारीक काटें
3 छोटे च. नमक
2 बड़े च. कटा हुआ हरा धनिया
1 छोटा च. नींबू का रस
1 छोटा च. हल्दी, 1 छोटा च. जीरा
1 कप भुट्टे के दाने
3½ कप पानी चावल पकाने के लिए

1. चावल को धो कर आधे घंटे के लिए भिगों दें।
2. घी को भारी, गहरे बर्तन में गर्म करें। जीरा डालें। भूनें जब तक रंग बदलने लगे।
3. हींग डालें और उसके बाद कटा हुआ अदरक, कटी हुई हरी मिर्च और हल्दी। अच्छी तरह मिलाएँ और 2-3 मिनट तक पकाएँ।
4. पका हुआ कॉर्न और 3½ कप पानी डालें और एक उबाल लाएँ। चावल, नमक, हरा धनिया और नींबू का रस डालें, मिलाएँ और ढक कर धीगी आँच पर पकाएँ। जब तक चावल पक जाए और खिचड़ी की तरह बन जाए।
5. गर्म मसाला-लाल मिर्च पाउडर से सजाए। दही पापड, और अपने मनपसन्द अचार के साथ परोसें।

सुझावः खिचड़ी का गीलापन आपकी पसन्द के अनुसार होगा। अगर आप खिचड़ी थोड़ी पानीदार चाहें तो थोड़ा अधिक पानी डालें।

जलपरी बिरयानी

चावल की पर्तों और मसालेदार कमल ककड़ी पर छिड़के हुए पुदीने और जावित्री से बनी बिरयानी। सर्वोत्तम स्वाद के लिए ताज़ी और नरम भें चुनें।

व्यक्ति 4

125 ग्राम भें या कमल ककड़ी

चावल

1 कप बासमती चावल - 20-30 मिनट तक पानी में भिगोया हुआ
3-4 छोटी इलायची
1 मोटी इलायची
½" टुकड़ा दालचीनी
½ छोटा च. नमक, 4 कप पानी

पुदीने का पेस्ट (पीस कर पेस्ट बनाएँ)

2-3 बड़े च. पुदीना
4 बड़े च. कटा हुआ हरा धनिया, 1 हरी मिर्च

मसाला

3 प्याज़ 1" टुकड़ा अदरक
½ छोटा च. लाल मिर्च पाउडर
1 बड़ा च. किशमिश
½ कप दही-अच्छी तरह फेंटे और ¼ कप पानी के साथ मिलाएँ

अन्य सामग्री

2 बड़ा च. कटा हुआ पुदीना
2 प्याज़ - स्लाइस काटें और भूरा होने तक तलें
½ कप दही - अच्छी तरह फेंटे
2 चुटकी जावित्री - पीस कर पाउडर बनाएँ
2 छोटी इलायची के बीज - पीस लें

1. भें को छीलें। पतलें तिरछे स्लाइस काटें और स्लाइसों को पानी में भिगोएँ। अलग रखें।
2. पेस्ट की सारी सामग्री मिला कर पुदीने का पेस्ट बनाएँ।
3. प्याज़, अदरक और लाल मिर्च का पाउडर पीसकर पेस्ट बनाएँ।
4. एक कढछी (4-5 बड़े च.) तेल को हांडी या भारी पेंदे के बर्तन में गर्म करें। प्याज़ का पेस्ट डालें। धीमी आँच पर पकाएँ जब तक हल्के भूरे हो जाए और तेल अलग होने लगे।
5. किशमिश डालें। ½ मिनट हिलाएँ।
6. आँच कम करें। थोड़ा पानी मिलाकर फैटी हुई दही डालें लगातार चलाते रहें जिससे दही फटे नहीं।
7. भें से पानी निकालें और मसाले में भें डालें। 1 छोटा च. नमक डालें। 4-5 मिनट भूनें।
8. 1 कप पानी डालें। अच्छी तरह फिट होने वाले ढ़क्कन से ढकें और धीमी आँच पर 15 मिनट पकाएँ। जब तक नरम हो जाए। भें का स्वाद कच्चा नहीं होना चाहिए, हालाँकि थोड़ा सख्त सकता है।
9. पुदीने का पेस्ट डालें। 5-7 मिनट भूनें। आँच से उतारें और भें को अलग रखें।
10. चावल तैयार करने के लिए 4 कप पानी, सारे साबुत गर्म मसालें और नमक के साथ उबालें।
11. भीगे हुए चावल से पानी निकालें और उबलते पानी में डालें। चावल के दानों को उगलियों के बीच में दबा कर चेक करते रहें कि पक गए हैं। मध्यम आँच पर 7-8 मिनट उबालें जब तक चावल लगभग पक जाए। ध्यान रखें कि चावल ज़्यादा न पक जाए।

12. चावल को चावल की छन्नी से छानकर पानी निथारें। 10 मिनट तक बिना ढके अलग रखें। एक बड़ी ट्रे पर चावल को फैला दें।

13. 2 स्लाइस किए हुए प्याज़ को डीप फ्राई करें जब तक करारा भूरा रंग आ जाए। अलग रखें।

14. ½ कप दही फेंटें। पिसी जावित्री और छोटी इलायची दही में डालें। अलग रखें।

15. 2 बड़े च. पुदीने के पत्ते बारीक काट कर अलग रखें।

16. बिरयानी तैयार करने के लिए मसालेदार सब्जियों का आधा भाग हाँडी में डालें।

17. उस पर आधा चावल डालें। चावल पर आधी फ्लेवर की हुई दही डालें। थोड़ा सा तला हुआ प्याज़ और कटा हुआ पुदीना छिड़कें।

18. मसाला सब्जियाँ और अन्य पर्तों को दोहराएँ।

19. हाँडी को फॉयल से ढकें। आटे से सील करें और धीमी आँच पर तवे पर 15-20 मिनट रखें या हल्के गर्म ऑवन में (100°C) पर 15-20 मिनट दम पर रखें। परोसने के समय ही सील तोड़े।

हैदराबादी बिरयानी खास

चावल और प्याज़ को अलग-अलग पका कर तलें हुए प्याज़ के साथ पर्त-दर-पर्त लगाया जाता है। बर्तन को अच्छी तरह सील करके धीमी आँच पर भाप दिलाई जाती है जिससे सारे फ्लेवर मिल जाए।

व्यक्ति 6-8

चावल

2 कप बासमती चावल
1 बड़ा च. तेल, 2 तेज़ पत्ता
1½ छोटा च. नमक

चिकन के लिए

1 चिकन (700-800 ग्राम)
12 टुकड़ों में काटें
4 बड़े प्याज़ - काटें
1½ बड़ा च. अदरक-लहसुन का पेस्ट
2 बड़े टमाटर - काटें
1 कप गाढ़ी दही, 5-6 बड़े च. तेल
1 छोटा च. लाल मिर्च पाउडर, नमक स्वादानुसार

सजावट के लिए

1 कप स्लाईस किया हुआ प्याज़
करारा और भूरा होने तक तलें (2-3 बड़े प्याज)
½ कप पुदीना
केसर के कुछ धागे - 1 छोटे च. पानी और 1 बूंद केवड़ा एसेन्स में भिगोएँ

फ्लेवरिंग मसाला

½ छोटा च. जीरा
3-4 छोटी इलायची
3-4 लौंग, 2" दालचीनी
2-3 साबुत काली मिर्च
2 मोटी इलायची
¼ कप पानी

1. चावल पकाने के लिए, 7 कप पानी को तेज पत्ते, नमक और तेल के साथ उबालें। चावल डालें और पकाएँ जब तक नर्म होने लगे।
2. चिकन के लिए कढ़ाई में 5-6 बड़े च. तेल गर्म करें। प्याज़ डालें। भूरा होने तक फ्राई करें।
3. अदरक-लहसुन का पेस्ट डालें। अच्छी तरह मिलाएँ।
4. टमाटर डालें। सूखने तक पकाएँ। फैंटकर दही डालें। 1 मिनट चलाएँ। नमक, मिर्च पाउडर और चिकन डालें। 8 मिनट भूनें। 1 कप पानी डालें। नरम होने तक पकाएँ। आँच से उतारें।
5. फ्लेवरिंग वाले मसालों को मिक्सी में डाल कर पेस्ट बना लें। छन्नी से छानें। गीले मसाले को अलग रखें।
6. बिरयानी तैयार करने के लिए, बड़ा, भारी पेंदे का बर्तन लें, चिकन की थोड़ी करी तवे पर छिड़कें। थोड़ा चावल डालें। चिकन के आधे टुकड़े डालें और चावल को करी से नम करें।
7. थोड़ा सा तला हुआ प्याज़ और पुदीना छिडके। 2-3 बड़े च. सुगंधित मसाला छिड़कें।
8. चावल, चिकन, उसके बाद पुदीना, तलें प्याज़ और सुगंधित मसाला डालकर दोहराएँ। अन्त में चावल की पर्त डालकर तला हुआ प्याज़, पुदीना, सुगंधित मसाला और केसर का मिश्रण डालें। धीरे से मिलाएँ।
9. बर्तन को अच्छी तरह फॉयल से या ढक्कन से ढकें और ढक्कन को आटे से सील करें। बर्तन को तवे पर रखकर उसे धीमी आँच पर रखें जिससे आँच कम लगे। तवे पर ½ घंटे गर्म करें और परोसें।

कश्मीरी गोश्त पुलाव

बिरयानी की तरह पुलाव में पर्त लगाने की आवश्यकता नहीं होती क्योंकि चावल मटन के पानी में पक जाता है और सारे फ्लेवर को अच्छी तरह सोख लेता है।

व्यक्ति 5-6

500 ग्राम मटन, हड्डी वाला मटन ठीक रहेगा, अच्छी तरह धोएँ
2½ कप बासमती चावल - धोकर 30 मिनट भिगो कर रखें
5-6 बड़े च. घी, 2 प्याज़ - काट ले
3 हरी मिर्च - काटें, 1 छोटा च. अदरक की पेस्ट
1 कप दही, 3 छोटे च. नमक

खस-खस पेस्ट

1½ बड़ा च. खस-खस - गर्म पानी में ½ घंटे भिगो दे
8 छोटी इलायची के बीज
2 मोटी इलायची, 1½ बड़े च. जीरा
8 - 10 साबुत काली मिर्च
8 लौंग
2" टुकड़ा दालचीनी

1. चावल को धो कर 30 मिनट भिगो दें।
2. मटन, 1 छोटा च. नमक और 5 कप पानी को प्रेशर कुकर में पकाएँ। 4-5 सीटी दिलवाएँ। आँच कम करें और धीमी आँच पर 5 मिनट रखें। मटन मुलायम हो जाना चाहिए। कितनी सीटी दिलवाएँ यह निर्भर करेगा मटन की क्वालिटी पर। आँच से उतारें।
3. खस-खस पेस्ट की सारी सामग्री को मिक्सी में पीसकर बारीक पेस्ट बनाएँ। अलग रखें।
4. घी को भारी पेंदे के बर्तन में गर्म करें। स्लाइस किया हुआ प्याज़ डालें। भूरा होने तक तलें।
5. अदरक की पेस्ट और हरी मिर्च डालें। अच्छी तरह मिलाएँ।
6. मटन के टुकड़े (बिना पानी के) डालें। ताज़ा बना खस-खस का पेस्ट मटन में मिलाएँ। अच्छी तरह मिलाएँ। 5-6 मिनट फ्राई करें।
7. मटन का पानी नापें और आवश्यकता हो तो और पानी डालें जिससे 4½ कप बन जाए।
8. दही, चावल और 2 छोटे च. नमक डालें। 4½ कप मटन का पानी डालें। उबालें।
9. ढकें और धीमी आँच पर पकाएँ जब तक चावल अच्छी तरह पक जाए और पानी सूख जाए। काँटे से अलग करें। गर्म परोसें।

केरला परांठा

मालवार द्वीप का पर्तदार पराँठा-परांठे की दुनियाँ में एक और स्वादिष्ट प्रवेश।

6 बनेगे

150 ग्राम मैदा
एक चुटकी मीठा सोडा
2 अंडे
150 ग्राम (2/3 कप) दूध
2½ छोटे च. चीनी
1छोटा च. नमक, 4 बड़े च. तेल
7 बड़े च. मक्खन, थोड़ा मैदा छिड़कने के लिए
घी शैलो फ्राई करने के लिए

1. अंडों को बाउल में तोड़े, दूध, चीनी, नमक और तेल डालें। अच्छी तरह मिलाएँ।
2. मैदा और मीठे सोडे को बारीक छन्नी से एक परात में छानें।
3. छने हुए आटे में एक गड्ढा सा बनाएँ, अंडे और दूध का मिश्रण डालें और धीरे धीरे मिलाना शुरू करें। जब अच्छी तरह मिक्स हो जाए तो आटे को नरम गूँद लें और गीले कपड़े से ढक कर 30 मिनट अलग रखें।
4. आटे को 6 बराबर भागों में बाँटे। हरेक को बेलन से गोलाकार बेले। किचन प्लेटफॉर्म पर तेल लगाएँ उस पर रखें और बराबर से सब तरफ से फैलाएँ जब तक बहुत पतला हो जाए। (लगभग 15" गोलाई)। पूरी सतह पर पिघला हुआ मक्खन लगाएँ, मैदा छिड़कें दोनों ओर से पकड़ कर इकट्ठा करें। ध्यान रखें कि कई पर्त आए। आटे को प्लेटफॉर्म पर रखें और रोल करके पेढ़े का आकार दें और थोड़ा सा चपटा करें। 5 मिनट के लिए अलग रखें। हरेक पेड़े को बेलन से 9" की गोलाई बेलें, बेलते समय मैदा छिड़क लें।
5. पराँठे को गर्म तने पर रखें और एक तरफ पकाएँ, साइड पलटें और पिघला हुआ घी चारों तरफ डालकर धीमी आँच पर दोनों तरफ से तलें जब तक सुनहरा भूरा हो जाए। उतारें और फौरन परोसें।

अंडा परांठा

आलू भरे पराठों के अन्दर एक अंडा डालें और उसे सेट होने दें-भूख लगने पर शानदार ट्रीट!

व्यक्ति 4

आटा

2 कप आटा

2 बड़े च. तेल

¾ छोटा च. नमक

½ छोटा च. लाल मिर्च पाउडर

½ छोटा च. अजवाइन

½ छोटा च. जीरा

अन्य सामग्री

4 अंडे

2 आलू-उबाल कर मैश करें

नमक स्वादानुसार, ½ छोटा च. लाल मिर्च पाउडर

½ छोटा च. गर्म मसाला

तेल या घी तलने के लिए

1. आटा, तेल, नमक, लाल मिर्च पाउडर, अजवाइन, और जीरा पाउडर मिलाएँ। इतना पानी डाल कर गूँदे की बेलने लायक आटा तैयार हो जाए।

2. आलू में नमक, लाल मिर्च पाउडर और गर्म मसाला डालें।

3. आटे की 4 गोली बनाएँ। हरेक गोली को 5" की गोलाई में पूरी की साइज़ की तरह बेलें।

4. एक बड़ा च. भरकर मैश किए हुए आलू के (मिश्रण का एक चौथाई भाग) बीचों-बीच रखें। बेले हुए आटे के किनारे उठाएँ और भरावन को ढकें।

5. भरे हुए पेढ़े को हल्का सा चपटा करें और सूखे आटे पर दबाएँ। हल्के से मोटे पराँठे में बेलें।

6. पराँठों को ध्यान से उठाए और गर्म तवे पर डालें। जब नीचे की साइड पक जाए, पलट कर दूसरा साइड पकाएँ। पराँठे पर थोड़ा सा घी या तेल लगाएँ। थोड़ा सा घी चारों तरफ किनारों पर भी डालें। परांठों को पलटते हुए हल्का सुनहरा करें।

7. जब पराँठा लगभग तैयार हो जाए आँच बंद करें। 3"-4" का चीरा किनारे से थोड़ा हट कर लगाएँ। कट से पराँठे को चाकू की सहायता से खोलें जिससे पॉकेट मिले।

8. एक अंडे को बाउल में तोड़े। अंडे को सारा का सारा परांठे की पॉकेट में डालें। धीमी आँच पर वापस चढ़ाएँ और पराँठे के अन्दर अंडे को 2-3 मिनट पकने दें। जब परांठे करारे हो जाए तवे से उतारे। गर्म परोसें।

तंदूरी कीमा पराठा

स्वादिष्ट और रसीले चिकन से भरे लज़्ज़तदार पर्तवाले पराँठो की लज़ीज पर्ते बनाती हैं।

6 बनेंगे

भरावन

250 ग्राम चिकन कीमा
2 बड़े च. तेल
1 प्याज़-बारीक काटें
2 छोटा च. बारीक कटा हुआ अदरक
1 छोटा च. धनिया पाउडर
½ छोटा च. लाल मिर्च पाउडर
½ छोटा च. गर्म मसाला, 2 हरी मिर्च-काटें
1 बड़ा च. बारीक कटा हुआ हरा धनिया
1 बड़ा च. कसूरी मेथी

आटा

2 कप आटा, ½ छोटा च. नमक
1 बड़ा च. घी

1. आटा तैयार करने के लिए आटा और नमक छानें। 1 बड़ा च. घी रगड़ें। इतना पानी डालें कि आटा गूँद जाए। 30 मिनट अलग रखें।
2. भरावन तैयार करने के लिए, 2 बड़े च. तेल को गर्म करें और प्याज़ को भूरा होने तक भूने।
3. कीमा और अदरक डालें और 3-4 मिनट पकाएँ।
4. नमक, धनिया पाउडर, लाल मिर्च पाउडर और गर्म मसाला डालें। 1-2 मिनट भूने। ढककर धीमी आँच पर 5 मिनट पकाएँ, जब तक कीमा पक जाए।
5. हरी मिर्च और 1 बड़ा च. बारीक कटा हरा धनिया डालें। अगर थोड़ा भी पानी बचा हो, कवर हटाएँ और कीमे को आँच पर सुखाएँ। भरावन को अलग रखें।
6. आटे के 6 बराबर भाग करें। गोलाकार बनाएँ।
7. हरेक गोले को चपटा करें, 5" गोलाई में बेलें।
8. 1 छोटा च. घी लगाएँ फिर 1-2 बड़े च. भरावन पूरी रोटी पर फैलाएँ।
9. बीच से प्रारंम्भ करके किनारे तक एक कट बनाएँ।
10. कट से रोल करना शुरू करें जिससे एक बराबर सा कोन मिले।
11. कोन को सीधा रखें और हल्का सा दबाएँ।
12. बेलें, सिर्फ बीच में दबाव डालें। किनारों को अधिक न दबाएँ नहीं तो पराँठे की पर्त पकने के बाद अलग-अलग नहीं होगी।
13. थोड़ी कसूरी मेथी छिड़कें और बेलन से दबाएँ।
14. पराँठे के पीछे पानी लगाएँ और ध्यान से गर्म किए हुए तंदूर पर चिपकाएँ या पहले से गर्म किए हुए अॅवन की चिकनी ट्रे पर रखें।
15. कुछ मिनटों के बाद उतारें। थोड़ा घी लगाएँ और गर्म परोसें।

लच्छा पुदीना पराँठा

पुदीने की महक को इस पर्तदार परांठो पर जड़ दिया गया जिससे मिला हर कौर में विशुद्ध आनंन्द!

6 बनेंगे

4 बड़े च. ताज़ा कटा या सूखा पुदीना
2 कप आटा
1 छोटा च. अजवाइन
2 बड़े च.-तेल, ½ छोटा च. नमक,
½ छोटा च. लाल मिर्च पाउडर

1. आटे की सारी सामग्री, पुदीना छोड़ कर, मिलाएँ इतना पानी डालें कि बेलने लायक आटा तैयार हो जाए।
2. अखरोट के आकार की लोई बनाएँ। मोटी रोटी बेलें।
3. रोटी पर घी लगाएँ। बाहर से बीच तक एक कट लगाएँ।
4. कट से रोल करते हुए कोन बनाएँ।
5. कोन को सीधा करें और हल्के से दबाएँ।
6. मोटी रोटी बेलें। पुदीना छिड़कें। बेलन से दबाएँ।
7. तवे पर दोनों साइड तलें या पीछे की साइड में थोड़ा पानी लगा कर गर्म तंदूर में चिपकाएँ। गर्म परोसें।

दक्षिणी टमॉटो राइस

पके हुए चावल को मसालेदार टमाटर में मिलाया जाता है जिससे वह सारे जायके समेट ले।

व्यक्ति 4

1 कप बासमती चावल
4 छोटे टमाटर - पीसकर प्यूरी करें
2-3 प्याज़ - काटें, ¼ छोटा च. हल्दी
1½ छोटा च. नमक या स्वादानुसार
1 छोटा च. लाल मिर्च पाउडर
¼ छोटा च. हींग पाउडर

छौंक

3 बड़े च. तेल, 1 छोटा च. सरसों
1 बड़ा च. चने की दाल, थोड़ा सा करी पत्ता

1. चावल को धोकर साफ करें। बड़े बर्तन में 5-6 कप पानी उबालें। चावल डालें। तैयार होने तक पकाएँ।
2. चावल को बड़ी छन्नी में छानें। चावल को ट्रे में फैलाकर अलग रख कर ठंडा करें।
3. कढ़ाई में तेल गर्म करें। आँच कम करें। सरसों और दाल डालें। बहुत धीमी आँच पर पकाएँ जब तक दाल का रंग बदलने लगे।
4. करी पत्ते और प्याज़ डालें। प्याज़ के हल्का भूरा होने तक तलें। हींग डालें।
5. टॅमाँटों प्यूरी डालें।
6. हल्दी, नमक और लाल मिर्च पाउडर डालें।
7. धीमी आँच पर पकाएँ जब तक दाल नरम हो जाए और टमाटर बिल्कुल सूख जाए और तेल अलग होने लगे।
8. चावल के दानों को कांटे से अलग-अलग करें और टमाटर में डालें। ध्यान से हिलाते रहें, जब तक अच्छी तरह मिक्स हो जाए। गर्म-गर्म परोसें।

चटनी और अचार

प्याज़ लहसुन की चटनी

½ कप बनेगी

1 बड़ा प्याज़ - मोटा-मोटा काटें
4-5 कली लहसुन
1-2 साबुत सूखी लाल मिर्च, बीज निकालें
2 बड़े च. भुनी हुई मूँगफली
1 बड़ा च. तेल
1 छोटा टुकड़ा गुड़
½ छोटा च. नमक या स्वादानुसार
2 बड़े च. इमली का गूदा

1. ½ बड़े च. तेल को पैन में गर्म करें, प्याज़, मिर्च और लहसुन डालें। प्याज़ के नरम होने तक पकाएँ। ठंडा करें।
2. प्याज़-मिर्च-लहसुन और अन्य सामग्री को मिक्सी में डालें और पीस कर पेस्ट बनाएँ।
3. ½ बड़ा च. तेल गर्म करें और चटनी के ऊपर डालें।

प्रॉन बालचाओ

इसे खास अचार की तरह सामान्य तापमान पर पेश करें - या अलग सी साइड डिश की तरह गर्म परोसें-किसी भी रूप में आपके पास है एक विजेता!

व्यक्ति 12

1 किलो प्रॉन (छोटे)
प्रॉन को डीप फ्राई करने के लिए तेल
(150 मि.ली./ 2/3 कप तेल)
1 कप कटा हुआ प्याज़
½ कप कटा हुआ टमाटर
10 करी पत्ते, 2½ छोटे च. चीनी
नमक स्वादानुसार

पेस्ट

20 साबुत लाल मिर्च
4" टुकड़ा दालचीनी, 15 छोटी इलायची
15 लौंग, 1 छोटा च. साबुत काली मिर्च
1 छोटा च. जीरा
1 बड़ा च. कटा हुआ लहसुन
3 बड़े च. कटा हुआ अदरक
¾ कप सिरका (माल्ट विनेगर)
1 छोटा च. राई

1. प्रॉन को छील कर नस निकालें। धो कर तौलिए पर पौंछे।
2. कढ़ाई में तेल गर्म करें और प्रॉन को 2 मिनट डीप फ्राई करें। तेल से निकालें।
3. पेस्ट की सारी सामग्री को अच्छी तरह पीस लें।
4. कढ़ाई में तेल गर्म करें, प्याज़ डालें और मध्यम आँच पर चलाएँ जब तक सुनहरा भूरा हो जाए।
5. टमाटर डालें, 2-3 मिनट हिलाएँ।
6. पेस्ट डालें और 5-6 मिनट पकाएँ।
7. प्रॉन डालें और 2 मिनट हिलाएँ।
8. करी पत्ते और चीनी डालें, हिलाए। नमक स्वादानुसार डालें। सामान्य तापमान पर परोसें।

चिकन अचार

सभी पारंपरिक अचार के मसालों का इस्तेमाल किया गया है -पर अगर
मुख्य सामग्री चिकन है तो तैयार है कुछ, बेहद और शानदार !

व्यक्ति 8

½ किलो हड्डी रहित चिकन - 1" के टुकड़े काटें
1 छोटा च. लाल मिर्च पाउडर
½ छोटा च. हल्दी, 1 छोटा च. नमक
1½ बड़ा च. अदरक का पेस्ट
½ बड़ा च. लहसुन का पेस्ट
1½ कप सरसों का तेल, ½ छोटा च. हींग
1 बड़ा प्याज़ - काटें (¾ कप)
1 कप माल्ट विनेगर (सिरका)

अचार के लिए मसाले

1 मोटी इलायची के बीज और 2 छोटी इलायची के बीज पीस लें, ¾ छोटा च. नमक
2 छोटे च. सौंफ - पीसें
½ बड़ा च. शाह जीरा
½ छोटा च. मेथी दाना
1¼ छोटा च. राई, 2 तेज़ पत्ते

1. चिकन के साथ लाल मिर्च पाउडर, हल्दी, नमक, आधा अदरक और लहसुन का पेस्ट मिलाएँ। 30 मिनट अलग रखें।
2. कढ़ाई में तेल गर्म करे जब तक धुआँ निकलने लगे, आँच कम करें और मैरिनेट किए हुए चिकन के टुकड़ों को 2-3 मिनट डीप फ्राई करें। चिकन निकालें और तेल छान ले।
3. अचार के मसालों को एक साथ इकट्ठा करें और अलग रखें।
4. छने हुए तेल को अलग कढ़ाई में गर्म करें, हींग डालें, 15 सेकेन्ड हिलाएँ, प्याज़ डालें और सुनहरा भूरा होने तक फ्राई करें। बचा हुआ अदरक लहसुन का पेस्ट डालें और 2 मिनट हिलाएँ। अचार का मसाला डालें और ½ मिनट हिलाएँ।
5. विनेगर डालें। उबालें, तला हुआ चिकन डालें और तेज़ आँच पर 3-4 मिनट हिलाएँ। आँच से उतारें और ठंडा करें।
6. साफ मिट्टी के या काँच के बर्तन में डालें। मलमल के कपड़े से बर्तन या जार का मुँह बंद करें और धूप में या गर्म जगह 2 दिन के लिए छोड़ दें। कपड़ा हटाएँ और ढक्कन से ढकें। 60 दिनों के अन्दर खाने के लिए इस्तेमाल करें।

नोट :

(i) *आचार डालने से पहले चिकन को अच्छी तरह से सुखा लें। नमी से फफूँदी लग सकती है और अचार के जल्दी खराब होने का भय रहता है।*

(ii) *मटन चांप अचार के लिए, ऊपर दी गई रेसिपी देखें, 100 ग्राम अदरक और 100 ग्राम लहसुन का पेस्ट और 4 कप माल्ट विनेगर लें। चाँप को मैरिनेट करने से पहले नरम होने तक उबाल लें।*

(iii) *पोर्क के लिए, मीट को अधिक देर तक पकाएँ - जब तक नरम हो जाए। बाकि की रेसिपी ऊपर के जैसे ही है।*

दही पुदीना चटनी

सुन्दर हरियाली चटनी एकसाथ तीखी (मिर्चों से) और ठंडी (दही से) है।

व्यक्ति 6

1½ कप दही - 15 मिनट टांगें
एक चुटकी काला नमक
¼ छोटा च. भुना जीरा
नमक स्वादानुसार
1 छोटा च. तेल

हरी पेस्ट

½ कप पुदीना, ½ कप हरा धनिया
2 हरीमिर्च, ½ प्याज़
2 कली लहसुन

1. दही को मलमल के कपड़े में बाँध कर 15 मिनट टांगें। अलग रखें।
2. हरा धनिया और पुदीने के पत्तों को धोएँ।
3. हरा धनिया, पुदीना, हरी मिर्च, प्याज़ और लहसुन को थोड़ा पानी डालकर पीस कर हरी पेस्ट बनाएँ।
4. टँगी हुई दही को अच्छी तरह फेंटें।
5. टँगी हुई दही में, हरी पेस्ट, तेल, काला नमक, भुना जीरा और नमक स्वादानुसार डालें।

मीठे पकवान

बादाम का हलवा

इस हलवे को आजमाएँ। बादाम का पेस्ट और खोए को घी में भूनकर चीनी और दूध में पकाया गया।

व्यक्ति 4

150 ग्राम (1 कप) बादाम
200 ग्राम खोया - कदुकस करें या भुरभुरा करें
1 कप चीनी, 1 कप दूध
15 ग्राम (1 बड़ा च.) घी
2 छोटी इलायची - पीस लें

1. बादाम को 2-3 घंटे या रात भर भिगोकर रखें। छिलके उतारें और पीस कर पेस्ट बनाएँ। बादाम का पेस्ट अलग रखें।
2. घी को भारी पेंदे की कढ़ाई में गर्म करें।
3. खोया डालें और धीमी आँच पर 4-5 मिनट पकाएँ जब तक हल्का सुनहरा हो जाए।
4. बादाम का पेस्ट डालें और 4-5 मिनट पकाएँ, जब तक खोया सुनहरा हो जाए।
5. चीनी डालें। 3-4 मिनट धीमी आँच पर चलाते रहें।
6. दूध और इलायची पाउडर डालें। लगभग 10 मिनट तक पकाएँ जब तक हलवा घी छोड़ने लगे, बादाम से सजाएँ।

मालपुए

मालपुओं को चाशनी में डुबो कर मीठे के शौकीन लोगों के लिए खासतौर पर बनाया गया है। घोल को *1-2* घंटे पहले बना कर रखें।

12-14 छोटे मालपुए बनेंगे

घोल

1 कप मैदा

2 बड़े च. आटा

1 कप क्रीम

½ कप दूध (जितना ज़रूरी हो), तलने के लिए घी

चीनी की चाशनी

1 कप चीनी, ½ कप पानी

कुछ धागे केसर

1-2 बूँद पीला रंग

1-2 छोटी इलायची का पाउडर

1. घोल की सारी सामग्री को अच्छी तरह मिलाएँ जिससे गाँठे न रह जाए। घोल केक के घोल से गाढ़ा होना चाहिए। गिरता हुआ सा होना चाहिए। पतला घोल फैल जाएगा।
2. 1-2 घंटे अलग रखें (बहुत ज़रूरी है)।
3. घी को नॉनस्टिक फ्राईंग पैन में गर्म करें।
4. चम्मच से गर्म तेल में घोल डालें। फैलाकर गोल मालपुए का आकार दें। पैन में जितने समाएँ, उतने (4-5) मालपुए डालें।
5. दोनो साइड के सुनहरा भूरा होने तक तलें। तेल निथारें और अलग रखें।
6. चीनी, पानी और अन्य सामग्री मिलाकर पैन में डालें। 3-4 मिनट उबालें जिससे 1 तार की चाशनी मिले।
7. गर्म चाशनी में मालपुए डालें, 2-3 एक बार में। 1-2 उबाल दें। कडछी से निकालें जिससे अधिक सिरप निकल जाए।
8. परोसने वाली डिश पर रखें। कटे हुए बादाम, पिस्ते डालें। सादा या रबड़ी या खीर के साथ परोसें।

नोटः मालपुओं को पहले से तल ले और चीनी की चाशनी में डाले बिना हवा बंद डिब्बों में 1-2 दिन फ्रिज में रख सकते हैं।

परोसने के समय, गर्म चाशनी में डाल कर 1-2 बार उबालें और गर्म - गर्म परोसें।

पिस्ता केसर कुल्फी

उत्तम रेसिपी जो हमेश काम कर जाती है-अपने फ्रीजर में इस लोकप्रिय मीठे को भर कर रखें।

व्यक्ति 6

1 किलो (5 कप) फुल क्रीम दूध
थोड़ी सी केसर
¼ कप चीनी, 2 बड़े च. कॉर्नफ्लॉर
75 ग्राम ताज़ा खोआ कदुकस करें और हल्का मैश करें।
1 बड़ा च. पिस्ता - बहुत बारीक काटें
1 बड़ा च. बदाम - बहुत बारीक काटें
3-4 छोटी इलायची के बीज - पीस लें

1. कॉर्नफ्लॉर को 1 कप दूध में घोलें और अलग रखें।
2. बचे हुए दूध में केसर मिलाकर कढ़ाई में लगभग 25-30 मिनट मध्यम आँच पर उबालें, जब तक मात्रा आधी हो जाए। किनारे खुरचते रहें।
3. चीनी और कॉर्नफ्लॉर का पेस्ट दूध में डालें। उबालें। 2-3 मिनट और पकाएँ, जब तक चीनी अच्छी तरह घुल जाए।
4. आँच से उतारें। ठंडा करें।
5. खोया, बादाम, पिस्ता और पिसी इलायची डालें।
6. मिश्रण को कुल्फी के साँचे में डालें। 6-8 घंटे या रात भर फ्रीज़र में रखें।

पायसम

बारीक सेवियों को घी, चीनी और दूध में पकाकर मेवों और किशमिश से सजाया गया है।

व्यक्ति 6

4 कप दूध, ½ कप पानी
¾ कप चीनी या स्वादानुसार
1 कप सेवियाँ - तोड़ें, 2 बड़े च. घी
1 बड़ा च. काजू टुकड़े
2 बड़े च. किशमिश
3-4 छोटी इलायची - पीसें
1 बड़ी चुटकी केसर या गुलाब एसेन्स की कुछ बूँदें

1. 2 बड़े च. घी गर्म करें। काजू के टुकड़े, किशमिश तलें, आँच से उतारें, अलग रखें।
2. पैन में सेवियाँ डालें, हल्का भूरा होने तक फ्राई करें, पानी डालें, धीमी आँच पर 1 मिनट पकाएँ।
3. अब धीरे-धीरे दूध डालें, हिलाते रहें।
4. चीनी डालें, पकाते रहें जब तक पायसम गाढ़ा हो जाए। आँच से उतारें। चीनी चेक करें।
5. छोटी इलायची, मेवे और किशमिश डालें। गुलाब का एसेन्स डालें। अच्छी तरह मिलाएँ। गर्म या ठंडा परोसें।

नोटः दूध के साथ इसे उबालते समय आप एक बड़ी चुटकी केसर डाल सकते हैं, फिर गुलाब का एसेन्स नहीं डालें।